Serie
LIBRO
DENUNCIA

Francisco Narbona

El divorcio viaja a España

EDICIONES
1974

Fotografías: *Keystone-Roma*
Depósito legal: M. 36.989 - 1974
ISBN: 84-7388-000-5
Impreso por Breogán I. G., S. A. - Torrejón de Ardoz - Madrid

A María Francisca, mi mujer

Si vale esa regla de oro del periodismo que dice: «La noticia es sagrada; el comentario libre», obligado es admitir que FRANCISCO NARBONA, el autor de este libro, ha sido siempre fiel a la misma, de modo muy especial en su larga misión como corresponsal de RNE-TVE, en Roma. Observador imparcial de la actualidad italiana informó con veracidad durante el complicado proceso de la andadura de la ley del divorcio, aprobado por el Parlamento italiano y confirmado plebiscitariamente por el pueblo.

La vocación literaria de FRANCISCO NARBONA arranca de sus años universitarios cuando cursaba en la Facultad de Derecho de Sevilla, su ciudad natal, la carrera de Leyes, que terminó en 1940. Volcado ya en el periodismo cumplió tareas directivas en la prensa sevillana. En 1945 se trasladó a Madrid, ingresando por oposición en la administración —Ministerio de Educación Nacional— sin dejar por eso su profesión de periodista. Figuró en el núcleo fundador de la revista «Diez Minutos» de la que fue subdirector desde 1951 a 1964. En la primavera de ese año se trasladó a Roma como corresponsal de Radio Nacional de España; en el mes de junio de 1967 fue designado corresponsal delegado en Roma de RNE-TVE.

FRANCISCO NARBONA es autor de una interesante y muy celebrada historia de «Manolete», y de otros varios ensayos biográficos sobre John Kennedy, Juan XXIII, Hemnigway y Pablo VI.

PROLOGO

El azar profesional, mi presencia en Roma como corresponsal me ha permitido contemplar de cerca, desde el principio, la andadura laboriosa del divorcio, de la mal llamada ley del Pequeño Divorcio, desde su inicial anuncio, en los primeros días de octubre de 1965, al referéndum confirmatorio del 12 de mayo de 1974.

En casi diez años cambió, lentamente, la mentalidad de los italianos a propósito de la institución del divorcio. Si cuando la propuesta de ley fue presentada por vez primera, al Parlamento, se hubiera consultado directamente al pueblo, la respuesta habría sido contraria a aquel. Si el referéndum se hubiese celebrado en la primavera de 1972, como estaba previsto en un principio (cuando más de un millón trescientos mil italianos lo reclamaron), los resultados habría sido bien distintos de los registrados después.

Y es que, en ese decenio, los divorcios se movieron tenaz e inteligentemente, apoyado por «la gran prensa» de Italia, por los periódicos «que crean opinión». La Liga Italiana del Divorcio, que no contó siquiera con medios aconómicos suficientes para sacar un boletín sugestivo —«Batalla divorcista» no lo fue nunca—, tuvo, en cambio, a su disposición las páginas de los periódicos y de las revistas más influyentes y de mayor tirada.

No diré que el frente antidivorcista se mantuviese inactivo ni mucho menos. Pero se movilizó a fondo sólo cuando la ley fue aprobada, —es decir a partir de diciembre de 1970—, cuando ya estaba madurando, en la conciencia de muchos italianos, la idea de que el divorcio no era «tan malo» como se decía. El Comité Nacional Pro-referéndum, guiado con entusiasmo por el profesor Gabrio Lombardi trabajó a conciencia, llevando adelante una campaña capilar, que le permitió reunir, en un plazo mínimo, más del doble de las firmas necesarias. No hubo aldea de la bota italiana o de las islas a donde no llegaran los activos campeones del antidivorcismo.

Luego, cuando se inició la campaña del referéndum, el Comité, de modo particular su presidente, se empeñó en una vastísima y agotadora acción propagandística, con mítines y reuniones, carteles, folletos, libros, etc., aparte de intensificar la difusión del boletín que venían publicando desde 1971.

Pero quizá era ya tarde. Había fallado uno de los vaticinios funestos: el divorcio, en sus primeros meses de rodaje, no había provocado el caos familiar que se anunciaba. Los italianos habían hecho un uso moderado de tal instrumento.

* * *

En este libro se contiene la crónica de ese divorcio «a la italiana», narrada con sencillez, y aportando, con objetividad, el mayor número posible de datos, la más vasta documentación. Por si a lo largo del texto se escapara, contra mi deseo, algún juicio de valor sobre el particular, quiero dejar bien sentadas algunas premisas, que el lector puede aceptar o no, por supuesto.

1. Para el cristiano, o mejor dicho para el católico creyente, está claro que el matrimonio como sacramento es indisoluble. (Que los teólogos discutan, hoy, hasta qué punto el Concilio de Trento dejó abierta una puerta para que el poder vicario de la Iglesia pudiera cambiar esta doctrina, ya que en aquel, «la indisolubilidad extrínseca del matrimonio» no se consideró dogma de fe, para no hacer más duro el contraste con la Iglesia ortodoxa de Oriente, no significa, por el momento, cambio alguno en la doctrina tradicional sustentada por Roma.)

2. En el referéndum del 12 de mayo no se ponía en discusión el Sacramento, sino una ley civil que «permitía», en determinados casos la disolución del matrimonio civil o el cese de los efectos civiles del llamado matrimonio concordatorio (prácticamente su ruptura).

3. En una sociedad pluralista, como la italiana, aun-

que exista una mayoría de ciudadanos católicos, abundan también quienes profesan otras ideas religiosas o no profesan ninguna, a la luz de la libertad auspiciada por el Concilio Vaticano II. No parece, por tanto, correcto imponer «la indisolubilidad» a quienes no consideran el matrimonio un sacramento, sino un contrato civil «sui generis» pero disoluble.

4. En atención a las constituciones conciliares, que propugnan una división de los respectivos ámbitos —civil y religioso—, aunque se propugne la debida colaboración, siempre debe mantener el Estado, en sus manos, la posibilidad de legislar sobre el matrimonio civil, al menos, para aquellos súbditos que se consideren al margen de la Iglesia, aunque hayan sido bautizados.

5. En todo caso, siempre será una generosidad del Estado, que no se considere confesional, como lo es el Estado Italiano —aunque mientras esté en vigor el concordato, tal cosa pueda juzgarse discutible—, dar al matrimonio contraído ante un ministro de la Iglesia validez civil, previa inscripción. (El matrimonio llamado concordatorio tiene eficacia civil sólo si el párroco lo manda transcribir en el Registro.)

Creo que con estas ideas, por delante, a modo de prólogo, se puede pasar la hoja y dar comienzo a la historia.

I. ITALIA ¿HA DEJADO DE SER CATOLICA?

Ha faltado tan sólo que el 14 de mayo de 1974 con los resultados definitivos del referéndum, en la mano, un diputado cualquiera se alzara en el Palacio de Montecitorio y recordando la discutida frase de don Manuel Azaña en memorable ocasión, dijera algo así: «Señores: Italia ha dejado de ser católica.» Porque contrariando las indicaciones del Episcopado italiano, y la tradición antidivorcista de la Iglesia Católica a la que oficialmente pertenece la casi totalidad de la población, una mayoría holgada de italianos, exactamente 19.093,929 (de un total de 33.039.217 de votantes válidos), es decir, el 59,1 por 100, se pronunció en favor de la supervivencia del divorcio en la legislación civil italiana. Contra la ley sometida al referéndum, la Ley Fortuna-Baslini, se habían contado 13.188.184 sufragios, equivalentes al 40,9 por 100 de los votos útiles.

* * *

Hasta ese momento se podía aplicar a Italia el calificativo de «católica», porque se daba por descontado que lo era. Una estadística reciente señalaba que entre ateos militantes y población no católica (protestantes de diversas obediencias y judíos), no se pasaba del 5 por 100 de esos cincuenta y cinco millones de habitantes instalados, para su fortuna o su desgracia, en la bota italiana y las islas (Cerdeña y Sicilia). A la hora de hacer las cuentas, importaba poco que el partido «oficial» de los católicos, la Democracia Cristiana, no hubiera alcanzado nunca la mayoría absoluta (cuando más cerca estuvo fue en abril de 1948, obtuvo, entonces,el 48,4 por 100 de los votos), porque era verdad comprobada que en otros grupos —Partido Liberal, Movimiento Social Italiano, Partido Socialista Democrático...— militaban católicos de irreprochable fe. Sin embargo, ya era un síntoma como para abrigar sospechas el hecho de que en algunas ciudades importantes, como Roma, las estadísticas señalasen que sólo un 32 y por 100 de los católicos «cumplían» como tales: asistencia a misa, comunión pascual, etc. Sobre tales datos prevalecía esta idea; el 90 y algo por 100 de los italianos están bautizados, reciben la primera comunión, se casan «en la Iglesia», y cuando les llega la hora de la verdad prefieren que un sacerdote guíe, convenientemente, su alma hacia la definitiva morada, hacia el juicio de Dios.

Por eso, hasta el último momento, incluso entre los optimistas secuaces de la Liga italiana del Divorcio, no se ocultaba que el referéndum propuesto podía poner en peligro la ley Fortuna-Baslini. En vísperas de la consulta electoral, el diputado Loris Fortuna, uno de los padres de aquella, formulaba un vaticinio reservado: «Creo que divorcistas y antidivorcistas... estaremos, afirmaba, sobre el 50 por 100.»

Quiero apuntar con esto, que el resultado favorable al divorcio constituyó una sorpresa para muchos. «Yo esperaba, me decía el martes 14 de mayo, el propio Fortuna, en el Club de Prensa Extranjera de Roma, que venceríamos por un discretísimo margen. No obstante, procuré ocultar mi impresión. Mi desconfianza se basaba en la incógnita del voto femenino. Temía el comportamiento de las mujeres italianas... Y, por supuesto, pensaba en el peso de la Iglesia sobre la decisión de los católicos... Me alegra comprobar que me equivoqué. Porque las italianas no se dejaron ganar por el miedo; votaron con mentalidad del año 2000. En cuanto a los católicos diré sólo una cosa: sus votos han sido decisivos para el triunfo del divorcio. Al desobedecer al Papa y a los obispos se han ganado nuestra gratitud. Si hoy la Iglesia italiana no se ve en situación desairada del todo, se debe a ese Dom Franzoni, suspendido a *humanis* (porque a *divinis*, sería concretar demasiado), que tantos y tan rotundos argumentos manejó contra el documento de la Conferencia Episcopal Italiana.»

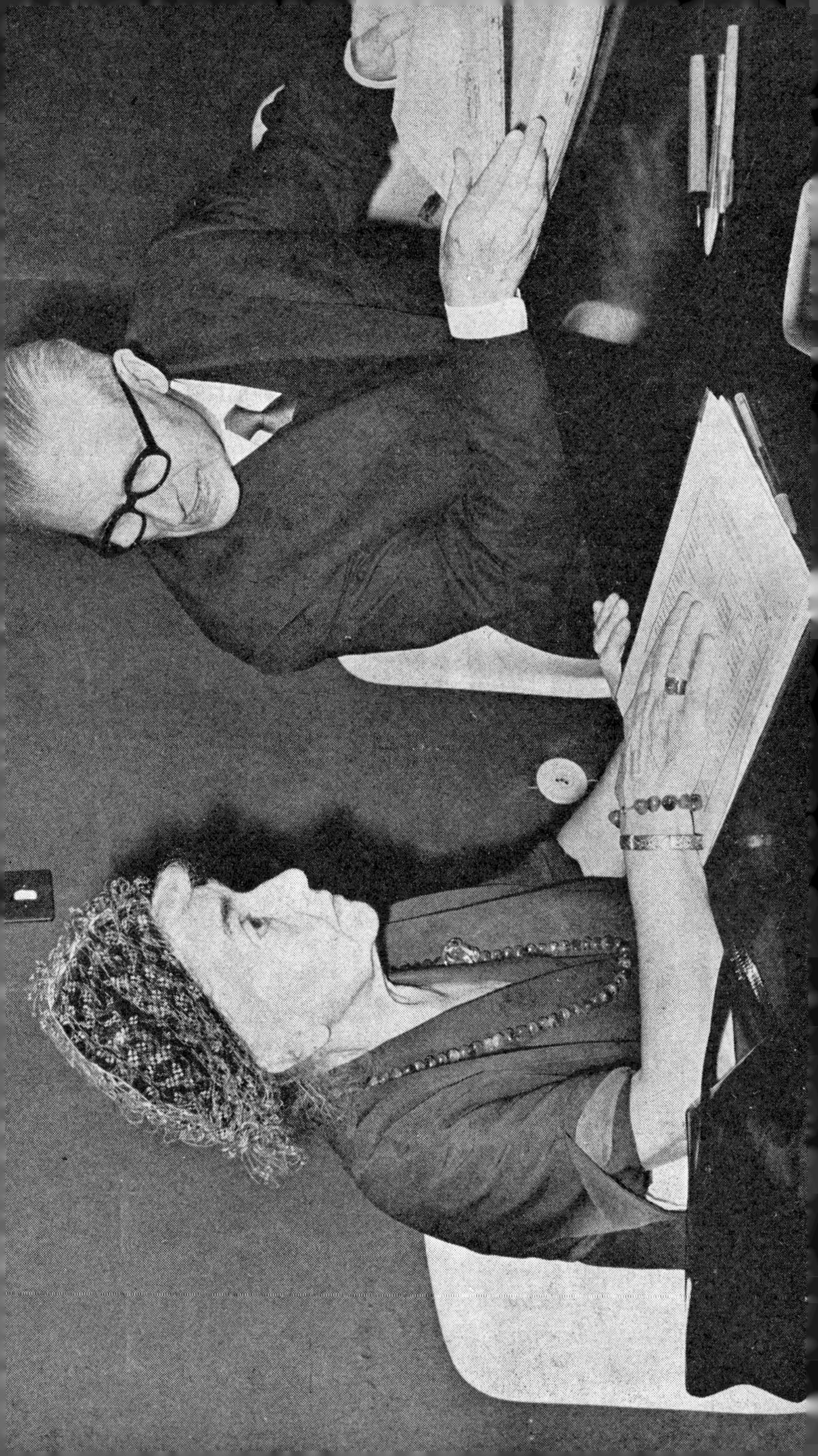

La ex-senadora socialista, Lina Merlin y el profesor Gabrio Lombardi, en una conferencia de prensa, durante la campaña pro-referéndum contra el divorcio.

* * *

Estaba Loris Fortuna, aquella mañana, como desbocado, a pesar de que repetía su propósito de no caer en fáciles triunfalismos. Pero tenía sobrada razón para estar satisfecho: se había batido por «su» ley, desde 1965; se había negado a cualquier componenda (como la patrocinada por los comunistas), que significase desvirtuar el principio del divorcio; se había declarado dispuesto a sufrir la prueba del referéndum... Los resultados de la consulta popular premiaban su tesón. Italia «país católico», entraba a formar parte del mundo divorcista. La ley del divorcio, aprobada el 1 de diciembre de 1970, cuando regía los destinos de la nación un gobierno de centro-izquierda, con mayoría de ministros católicos * presidido por un fidelísimo hijo de la Iglesia, Emilio Colombo, había recibido a través del referéndum una confirmación como no tuvo ni siquiera la propia Constitución de la República.

(*) Un catedrático de Derecho Canónico de la Universidad de Bolonia, el profesor Giuseppe Caputo, respondía, hace dos años, a quien le preguntaba cuántos eran los «no-católicos» en Italia: «Son la gran mayoría. La fe cristiana es ya en este país minoritaria. Y el lugar privilegiado de nuestro *país de misión* son las Iglesias.»

II. LA LEY DEL PEQUEÑO DIVORCIO

La Ley del Divorcio, la ley número 898, la ley denominada «Disciplina de los casos de disolución del matrimonio», más conocida como Ley Fortuna-Baslini, que había aprobado el Senado de la República, el 10 de octubre de 1970, y la Cámara de los Diputados, el 30 de noviembre, tiene fecha de 1 de diciembre de 1970, a efectos de su promulgación. Porque ese día fue cuando el presidente de la República Giuseppe Saragat, estampó su firma al pie de la misma.

Esta ley —llamada del «Piccolo Divorzio»—, del pequeño divorcio, comienza por igualar, a efectos de la ruptura vincular, el matrimonio civil con el contraído con rito concordatorio. Hace una declaración común —al decir que el juez decreta el divorcio cuando «se ha cumplido el intento de conciliación» y comprueba que «la comunión espiritual y material entre los cónyuges no puede ser mantenida o reconstituida, por la existencia de alguna de las causas previstas en el artículo 3». En otras palabras, la ley con esa especie de previa condición quiere establecer que cuando se produce la sentencia de divorcio, el matrimonio está ya muerto, y el magistrado no hace sino dar fe de la existencia de «un cadáver».

* * *

«Nuestra ley, me decía el diputado liberal Antonio Baslini, unos días antes del referéndum, no es una ley promotora de divorcios; contra lo que se diga, no hace sino certificar o confirmar que el divorcio es la única medicina aplicable. Hay ya una ruptura anterior, que la Ley comprueba, dándole estado oficial.»

Aún sin distinguir a efectos de la ruptura vincular, la Ley matiza según se trate de un matrimonio contraído sólo civilmente o de un matrimonio concordatorio, celebrado ante un ministro de la Iglesia Católica, que actuando como oficial civil, tras ser testigo cualificado del sacramento (son los cónyuges, como es sabido, los ministros del mismo) traslada el acta matrimonial al Registro, para su anotación. En el primer caso, la ley dice «el juez declara la disolución del matrimonio»; en el segundo, «pronuncia el cese de los efectos civiles consecuentes a la transcripción del matrimonio».

Las causas de divorcio admitidas en el art. 3 de la ley, de manera taxativa —porque la ley no acepta una aplicación extensiva del principio—, son las siguientes:

1.º) Cuando, después de la celebración del matrimonio el otro cónyuge ha sido condenado, con sentencia firme, aunque sea por hechos cometidos en precedencia.

A) A cadena perpetua o bien a una pena superior a quince años, por uno o más delitos no culposos, excluido los delitos políticos y aquellos cometidos por motivos de particular valor moral o social.
B) A cualquier pena de detención por los delitos: de incesto (art. 564 del Código Penal), violencia carnal (art. 519), actos libidinosos violentos (art. 521), rapto con fines libidinosos (art. 523), rapto de menores de catorce años o enfermos, con fines libidinosos o de forzado matrimonio (art. 524), cocometidos en daño de un descendiente o hijo adoptivo, o bien por inducción o constricción del cónyuge o de un hijo, aunque sea adoptivo, a la prostitución; así como por explotación o favorecimiento de la prostitución de un descendiente o dc un hijo adoptivo.
C) A cualquier pena por homicidio voluntario de un descendiente o hijo adoptivo, o bien por intento de homicidio en daño de un cónyuge, o de un descendiente o hijo adoptivo.
D) A cualquier pena de detención con dos o más condenas por delito de lesiones personales gravísimas, de las cuales se deduzca enfermedad cierta o probablemente incurable, o bien la pérdida de

un sentido, o de un miembro, o una mutilación que haga al mismo inservible, o bien la pérdida del uso de un órgano o la capacidad de procrear, o bien una permanente y grave dificultad de la palabra, o la deformación o señal permanente en el rostro, o, en fin, el aborto de la mujer ofendida (art. 582 del Código Penal) otras hipótesis son las del delito de violación de las obligaciones de asistencia familiar (art. 570 siempre del Código Penal), o de malos tratos en familia o hacia menores (art. 572) y de coacción a persona incapaz (art. 643) siempre en daño del cónyuge o de un hijo, aunque sea adoptivo.

2.º) Y además:

A) Cuando el otro cónyuge ha sido absuelto por vicio total de mente de uno de los delitos previstos en los apartados B) y C) del capítulo ya descrito, siempre que el juez competente estime que es imposible mantener o reconstruir la convivencia familiar.

B) Cuando ha sido pronunciada una separación judicial, con sentencia firme, o bien ha sido homologada la separación consensual, o bien se ha producido una separación de hecho, si bien en este caso debe haberse iniciado dos años antes de la entrada en vigor de la ley. En cualquier caso habrán de transcurrir cinco años de separación ininterrumpida para que los cónyuges comparezcan ante el juez competente para el divorcio. Cuando se produzca oposición por parte del cónyuge demandado el plazo de cinco años se elevará:

   a) A siete años en el caso de separación pronunciada por culpa exclusiva del autor.

   b) A seis años, en caso de que la separación haya sido homologada por mutuo consenso, fecha anterior a la entrada en vigor de la ley, o de separación de hecho.

C) Cuando el procedimiento penal promovido por los delitos previstos en los apartados B) y C) del capítulo 1) se concluya con sentencia de «no ha lugar a proceder por extinción del delito», siempre que el juez competente considere que en los hechos cometidos subsistan los elementos constitutivos y las condiciones de punibilidad de los referidos delitos.

D) Cuando el procedimiento penal por incesto se concluya con sentencia de «improcedencia», o de absolución que declare no punible el hecho por falta de escándalo público.

E) Cuando el otro cónyuge, ciudadano extranjero, ha obtenido fuera de Italia la anulación o la disolución del matrimonio o ha contraído nuevo matrimonio en el extranjero.

F) Cuando se trate de un matrimonio no consumado.

* * *

Para obtener el divorcio, la demanda se propone ante el tribunal del lugar donde el cónyuge demandado tiene su residencia, o bien, en el caso de que sea difícil de localizar o resida en el extranjero, ante el tribunal del lugar de residencia del demandante.

En la demanda, de la que el canciller del tribunal ha de dar cuenta al Registro Civil, donde esté inscrito el matrimonio, se expondrán los hechos justificativos del divorcio, con la precisa puntualización del número de hijos legítimos o legitimados o adoptivos.

El presidente del tribunal fija con decreto la comparecencia de ambas partes, ante sí, y nombra, si el caso lo requiere —porque el demandado esté enfermo de mente o sea legalmente incapaz, un curador especial. Los cónyuges han de comparecer ante el presidente del tribunal personalmente, salvo graves y comprobados motivos. Este oirá primero separadamente y después conjuntamente, a ambos cónyuges para intentar la conciliación. Si así ocurre, o bien si el demandante declara no querer seguir adelante en la demanda, el presidente lo registra y prácticamente el proceso termina. Si, por el contrario, el demandante se ratifica, o el cónyuge demandado no comparece, o bien la conciliación fracasa, el presidente si lo considera oportuno decide, en virtud de la oportuna ordenanza, los procedimientos provisionales o temporales que estime necesarios en interés de los cónyuges y de los hijos, y nombra al juez instructor, fijando, de paso, la audiencia llamada «de comparecencia» ante él mismo. Si el presidente del tribunal, aún fracasado el intento de conciliación cree que aún subsisten posibilidades de conseguirlo, sobre todo en presencia de hijos menores, fija la audiencia «de comparecencia» en un plazo no superior a un año.

El tribunal, vista la contradicción de las partes y dando intervención al ministerio fiscal, comprobada la existencia de uno de los casos previstos en la ley, declara con sentencia la disolución o el cese de los efectos civiles (en resumidas cuentas, el divorcio), y ordena al Registro civil correspondiente que se proceda a la anotación de la sentencia.

La sentencia es impugnable por una y otra parte; el ministerio fiscal, puede interponer recurso, en beneficio de los intereses patrimoniales de los hijos menores o legalmente incapacitados.

En la sentencia, el tribunal, teniendo en cuenta las condiciones económicas de los cónyuges, fija la obligación de uno de ellos de suministrar al otro, periódicamente, una suma, en proporción a sus rentas o recursos. «En la determinación de tal suma, dice la ley, el juez tendrá en cuenta la contribución personal y económica que cada cónyuge haya dado a la familia y a la formación del patrimonio de ambos». La obligación cesa si el cónyuge beneficiario pasa a nuevas nupcias.

La mujer, con la sentencia del divorcio recobra su apellido de soltera. (En Italia, el matrimonio significa que la esposa toma el apellido del marido).

La ley Fortuna-Baslini, que tiene, en total, 14 artículos, se ocupa en su segunda mitad de los hijos y de otras cuestiones relacionadas con la patria potestad y con el reconocimiento de la prole adulterina. El propósito del legislador en salvaguardar, como es lógico, la situación de la descendencia —se tendrá, dice el texto, en cuenta «los intereses morales y materiales de los mismos», a la hora de confiar su custodia, hasta el punto de que el tribunal, una vez pronunciado el divorcio, cuando la situación de los hijos esté en peligro, puede nombrar un tutor para que se ocupe de ellos mientras sean menores.

El tribunal, para garantizar el cumplimiento de las obligaciones económicas contraídas por los cónyuges, puede imponer incluso la hipoteca judicial de los bienes del obligado como «garantía». Asimismo, a petición de parte, el tribunal puede disponer la revisión de las medidas relativas a la custodia de los hijos y a las prestaciones económicas previstas en la sentencia.

Sobre la posibilidad de legitimar a los hijos adulterinos, derogando cuanto dispone el Código Civil (en su artículo 252), se indica en la ley: «pueden ser reconocidos por el padre o la madre que, al tiempo de su concepción, estaba unido en matrimonio», una vez dictada la sentencia de divorcio.

* * *

La puerta amplia que da acceso al divorcio en la previa separación, bien sea legal (judicial o consensual) que en Italia se substancia ante la Magistratura Civil —en España entienden, en cambio, los tribunales eclesiásticos— bien sea separación de hecho.

De la separación se habla largamente en el Código Civil (artículos 457 y siguientes), mientras en la ley Fortuna-Baslini, se cita sólo como causa, en el artículo 3, sin entrar en detalles de las razones por las que se concede.

De la lectura del Código, adecuándola a la ley del divorcio, se deduce que la separación personal de los cónyuges llamada también por algunos tratadistas divorcio «menos pleno» (o separación de lecho, mesa y habitación), suspende la obligación de la cohabitación y atenua la de la asistencia. Hoy —antes no era así—, cancela incluso la obligación de fidelidad.

La separación judicial se admite por un específico comportamiento culpable del cónyuge que haga imposible la convivencia; la ley enumera las causas: adulterio (no hay distinción entre el del marido y el de la mujer; antes, en cambio, el de aquel sólo «valía» cuando encerraba «injuria grave para la mujer», por su publicidad o por otras razones); voluntario abandono, excesos, sevicias, amenazas o injurias graves (art. 151), condena a cadena perpetua, o a reclusión por un tiempo superior a cinco años (art. 152), no fijación de la residencia por parte del marido (art. 153). Como se ve, en la separación judicial, es necesaria la existencia de un comportamiento culpable.

En la consensual, en cambio, basta el acuerdo de ambos cónyuges, que pueden fijar las condiciones de la separación (custodia de los hijos, arreglo económico, alimentos, etc.). Para que tenga efectos, hace falta su homologación por parte del tribunal (art. 158).

Loris Fortuna y Antonio Baslini, los patrocinadores de la Ley del Divorcio. Mientras aquel es socialista, Baslini pertenece al ala izquierda del Partido Liberal Italiano.

En la separación de hecho no existe sanción legal; se trata de un alejamiento, por común acuerdo o por decisión unilateral, o por pura inercia de ambos. Naturalmente, el estado de separación de hecho no impide a uno u otro cónyuge pedir en un determinado momento, reanudar la convivencia, a menos que el otro no pueda oponer una justa causa para rehusar la invitación. Si injustificadamente la rechaza se expone a un juicio de separación «por culpa», con todas las relativas consecuencias.

III. JUICIOS CRITICOS SOBRE LA LEY FORTUNA-BASLINI

La ley Fortuna-Baslini, a juicio de algunos juristas, adversarios de la misma es «una ley poco clara e incoherente con todo el sistema del derecho de familia italiano». Luigi de Luca, profesor de Derecho Eclesiástico de la Universidad de Roma, señala, por lo pronto, que la misma «no ha procedido a derogar el art. 149 del Código Civil, según el cual el matrimonio se disuelve tan sólo por la muerte de uno de los cónyuges, ni el art. 83 del mismo texto, el cual, para el matrimonio concordatario, prevee explicítamente la legislación especial dictada para tal unión, en ejecución de las normas concordatarias».

Un somero examen técnico de la ley, desmenuzando las causas ya descritas que dan origen a una sentencia de divorcio, advierte que las hay que presuponen la culpa de uno o de ambos cónyuges, frente a otras, que podrían titularse «objetivas» que no entrañan culpa alguna, o que prescinden de su existencia. Tanto en unos casos como en los otros, el legislador, ha establecido que el poder discreccional del juez decide unas veces sí y otras no. No existe, a este propósito, un criterio uniforme, como ocurre en otras legislaciones.

Al menos aparentemente, los padres de la ley han querido excluir el llamado divorcio «por mutuo consenso», al establecer que puede ser solicitado por «uno de los cónyuges»; se excluye, por tanto, la posibilidad de una demanda propuesta por ambos esposos.

«Nucstro legislador, ha escrito Luigi de Luca, en orden a los motivos por el cual el divorcio puede ser pronunciado, mientras de una parte parece haber seguido el sistema de la legislación francesa, que concibe aquel como sanción al cónyuge culpable, en realidad —dada la más bien amplia admisión de casos que prescinden de la culpa de uno de los cónyuges— ha acogido el llamado principio objetivo sumándose a la concepción del divorcia como remedio del fracaso del vínculo conyugal al sistema propio de la legislación suiza y, sobre todo, alemana, para las cuales, junto a las causas de disolución matrimonial taxativamente indicadas y referidas a un concepto de culpa, admite un motivo más bien general, que consiste, justamente, en la consabida *ruina* del matrimonio». «Haciéndolo así, continua el comentarista, no obstante, nuestro legislador, mientras adoptaba un criterio que, más que al interés recíproco de los cónyuges, debería haber tenido en cuenta un interés de orden general, no ha acogido aquella limitación que, por el contrario, las legislaciones que en tal principio se inspiran han admitido coherentemente, es decir, el reconocimiento siempre de un poder discrecional del juez».

La ley alemana, que por cierto fue redactada bajo los auspicios de la Comisión aliada de control, el 20 de febrero de 1946, es decir, cuando aún no había transcurrido un año de la terminación de la guerra (la revisión de la legislación alemana se hizo necesaria, para depurar el derecho de familia de sus perfiles racistas), modificando la ley matrimonial hitleriana del 6 de julio de 1938, establecía, en su artículo 48, que «si la convivencia de los cónyuges había cesado desde al menos tres años, y como consecuencia de una profunda e insanable fractura de las relaciones matrimoniales no se puede preveer la restauración de una comunión de vida que responda a la función esencial del matrimonio, cualquiera de los cónyuges puede proponer la correspondiente acción de divorcio». A continuación en ese mismo artículo se añade: «Si el cónyuge que propone la acción de divorcio ha sido declarado completa o prevalentemente culpable de la fractura registrada», el divorcio no puede ser pronunciado, si el otro se opone, «salvo en el caso en que aquel que presenta oposición se muestre no suficientemente ligado al matrimonio y resulte no tener una razonable disposición a querer mantener en vida el vínculo matrimonial».

La ley alemana da al juez un amplio poder discrecional acerca de la concesión o no del divorcio, estableciendo que «si en el interés de uno o de varios hijos menores nacidos en el matrimonio es necesaria la permanencia del vínculo matrimonial, la instancia de divorcio no puede ser acogida».

El poder discrecional de juez, como señala el profesor Luigi de Luca, es admitido «en todas las legislaciones que regulan el divorcio, en consideración a intereses públicos superiores, y, en particular, la soviética, y en la de aquellos países del Este europeo que la misma se inspiran».

Pero el legislador italiano que no quiso admitir explícitamente el divorcio «por mutuo consenso», previsto en las legislaciones de los países nórdicos, concede al cónyuge incluso culpable, obtener el divorcio contra la voluntad del otro. Precisamente en esta circunstancia, que se ha dado en muchísimos casos, se basan quienes atacan a la ley Fortuna-Baslini, para decir como la misma constriñe al católico, contra su voluntad, a aceptar el divorcio, y que no se trata por tanto de una ley permisiva, sino, en algunos casos, «impositiva». El cónyuge católico inocente no puede hacer nada —si acaso prolongar el plazo de separación exigido— para oponerse al divorcio solicitado por la otra parte.

Una de las reformas propuestas muy a última hora por el secretario del Partido Socialista, el profesor Francesco De Martino (catedrático de Derecho Romano, de Nápoles), para intentar evitar el referéndum, buscaba precisamente retardar la sentencia de divorcio, en el caso de que el cónyuge demandado se opusiera por razones de índole moral (o religiosa), principio, en cierto modo recogido en la legislación polaca. Durante algún tiempo, mientras la polémica se mantuvo viva, los periódicos hablaron de «el divorcio a la polonesa», pero la iniciativa del profesor De Martino no prosperó, quizá porque ya era tarde y la Democracia Cristiana, alentada por Fanfani, habían lanzado en firme su embite, pensando en la victoria.

* * *

Que el cónyuge inocente sale maltratado de la ley Fortuna-Baslini se ha dicho, insistentemente, durante la campaña del referéndum, por parte de los antidivorcistas. Pero ya hemos señalado como el legislador italiano marginó, en algunos casos, la teoría de la culpa, en el fracaso matrimonial.

Un examen comparado de la legislación extranjera, incluyendo la última ley británica de 1969 —que ha recogido las enseñanzas y experiencias de una larga etapa divorcista— permite establecer que fuera de Italia si se tuvo en cuenta al cónyuge no culpable, a la hora de decidir sobre la conveniencia o no de conceder la ruptura vincular.

Francia y Bélgica salen en defensa de la parte inocente con palabras casi idénticas. «El cónyuge por culpa del cual ha sido pronunciado el divorcio —se lee en el artículo 299 del Código Civil francés— pierde todos los beneficios que el otro le haya concedido en el contrato matrimonial o después de la boda, cualquiera que sea el motivo del divorcio, excepción hecha de los casos de mutuo consenso.» Insiste el Código francés, artículo 301, párrafo 2: «Independientemente de cualquier otro resarcimiento, impuesto al cónyuge, por culpa del cual fue pronunciado el divorcio, los jueces pueden reconocer al otro el derecho de resarcimiento de daños, por el perjuicio material y moral derivado de la disolución del matrimonio.»

El Código Civil belga, artículo 298, impone al culpable una pausa en lo que acaso fue su más firme deseo: «En caso de divorcio, dice, concedido por causa de adulterio, el cónyuge culpable y su cómplice no pueden contraer matrimonio entre sí, sino después de transcurridos tres años de la sentencia.» En fin, al unísono con el Código francés, el belga, advierte en su artículo 299: «Cualquiera que sea el motivo de la sentencia de divorcio, excepción hecha del mutuo consenso, el cónyuge por cuya culpa fue concedido el divorcio, pierde todos los beneficios que el otro le hubiese concedido con el contrato del matrimonio o incluso después de la celebración del mismo.»

En Yugoslavia, según el artículo 63 de la ley federal del matrimonio, «el cónyuge no culpable conserva todas las donaciones que haya recibido del culpable». En caso de abandono sólo el cónyuge que lo sufra de buena fe, o bien sin fundada razón puede pedir el divorcio en el término de seis meses de la fuga del otro. (art. 58).

«Quien ha cometido la culpa, se lee en el artículo 43 de la ley matrimonial de la República Federal Alemana, no puede proponer acción de divorcio, si dado el género de la culpa cometida, y especialmente por la relación existente entre la misma y la del otro cónyuge, la acción pro-

El profesor Gabrio Lombardi, catedrático de la Universidad estatal de Milán, firma en el Tribunal Supremo, el pliego donde se solicita el referéndum.

puesta, teniendo en cuenta la función esencial del matrimonio, no está justificada por razones morales.»

La legislación holandesa se alínea con la de Francia y Bélgica, en particular en cuanto se refiere al régimen patrimonial. En el caso de «abandono voluntario», la ley declara: la instancia divorcista puede ser propuesta sólo por el cónyuge abandonado, después de cinco años desde el cese de la convivencia.

En Suecia «si el divorcio, se lee en el artículo 24 de la ley sobre el matrimonio, se pronuncia como consecuencia del comportamiento de uno de los cónyuges que haya causado grave ofensa al otro, o de separación legal, concedida a continuación de grave negligencia del cónyuge, en el cumplimiento de sus deberes hacia el otro, éste tiene el derecho a un equitativo resarcimiento, proporcionado a la situación financiera de ambos cónyuges y a las circunstancias». En Polonia, una vez pronunciado el divorcio «el tribunal —artículo 57 del Código de la Familia y de la Tutela; ley del 25 de febrero de 1964—, establece cual de los dos cónyuges es culpable de la separación matrimonial».

En el «Divorce Reform Act», la más reciente y rígida legislación divorcista inglesa —1969— después de echar por delante una afirmación contundente, en el artículo 1 —«A partir de la entrada en vigor de la presente ley el sólo motivo por el cual uno u otro cónyuge puede presentar instancia de divorcio es el fracaso irremediable del matrimonio»— en la hipótesis de separación de hecho, superior a cinco años, se afirma que «el tribunal deberá considerar todas las circunstancias, incluida la conducta de las partes y los intereses de los hijos y de toda persona implicada en el caso, y si el tribunal llegara a la conclusión de que la disolución del matrimonio entraña un grave perjuicio financiero o de otra índole, para el demandado, o que, teniendo en cuenta las circunstancias, sería por tanto, un error disolver el matrimonio, deberá rechazar la instancia».

* * *

La Constitución italiana al hablar de la familia, la presenta basada en el matrimonio, que a su vez se contempla como una institución donde ambos cónyuges tienen idénticos derechos y deberes. Esta premisa de la igualdad del marido y de la mujer, ante la ley, ha creado como un cierto recelo a admitir la existencia de un culpable en los pleitos matrimoniales, o al menos a no recargar la mano, considerando, en definitiva, que lo importante no es averiguar quien es el responsable de la ruptura, sino comprobar que tal circunstancia existe, que el matrimonio es «un cádaver», sin posibilidades de reanimación.

No obstante, hay entre las causas que taxativamente la ley señala, como motivos para plantear el divorcio, varias en las que se presume una culpa por parte de uno de los cónyuges o incluso de los dos. Lógicamente hay culpa cuando el marido o la mujer son condenados a cadena perpetua, o a penas superiores a quince años por delitos no culposos («siempre, distingue la ley, conviene no olvidarlo, que no se trate de delitos políticos o cometidos por motivo de particular valor moral o social»). Lo mismo podría decirse en otras hipótesis delictivas (homicidio, incesto, violencia carnal, rapto, etc., cometidos contra descendientes o hijos adoptivos) o tentativas de delitos por intentos contra la vida del otro cónyuge o de un descendiente, etc. Conviene, sin embargo, subrayar como ya se dijo, que en unos casos, el Magistrado tiene un poder discrecional y en otros no.

* * *

Si la ley Fortuna-Baslini, en su definitiva redacción, tras las enmiendas incluidas por el Senado, aceptó, aunque en mínima parte la teoría de la culpa, se debe a las críticas que ya el texto aprobado por la Cámara había suscitado. En la primitiva redacción se hablaba de cinco años de separación, de hecho o judicial, como «entrada» al divorcio. No se distinguía si en esa separación había habido o no culpable. El senador Umberto Terracini (hebreo de raza, aunque en él prevalga su condición de militante comunista) fue el autor de la enmienda, aprobada, que estableció una cierta distinción, al alargar el plazo de separación a seis o siete años, en favor del cónyuge, al que se presume inocente.

En efecto, «cuando se produzca oposición», dice textualmente la ley italiana, en su artículo 3, «del cónyuge demandado» el plazo de cinco años, se elevarán: *a)* a siete años, en el caso de separación pronunciada por culpa exclusiva del actor; *b)* a seis años, en el caso de separación consensual homologada en fecha anterior a la entrada en vigor de la presente ley, o de separación de hecho». (La oposición parece presumir, cosa que no siempre es verdad, inocencia).

IV. EN PRINCIPIO FUE EL REPUDIO...

... Pero el tema del divorcio no es cosa de hoy. Hace un siglo que, en el recién estrenado reino de Italia, fue ya objeto de estudio y de vivas polémicas. Exactamente en 1879, ocho años después de la «triunfal» entrada de las tropas de Vittorio Emmanuele II, por la brecha de la Porta Pía, de Roma (ahí está todavía el «bersagliere» en piedra dispuesto al combate con los soldados «papalinos», que ciertamente no hicieron en aquella ocasión gala de su heroísmo), un diputado napolitano, Salvatore Morelli, presentó al parlamento italiano una propuesta encaminada a introducir el divorcio en la recién unificada nación. Por esos años regía en Italia el Código Civil de 1865, que sin admitir el divorcio, representaba ya una ruptura, un contraste con el espíritu confesional de la legislación matrimonial tradicionalista italiana, que más o menos había seguido hasta entonces los cánones del concilio de Trento. El legislador, ganado por las ideas liberales francesas vigentes, había configurado el matrimonio civil, como instituto totalmente dentro de la autonomía del Estado, pero no se atrevió a más. La teoría divorcista elaborada en 1803 por Melchiote Gioia, en su libro «Teoría civile e penale del divorzio», resultaba de una audacia chocante en la sociedad italiana contemporánea. Alessandro Coletti, en su «Il divorzio in Italia» ha escrito a tal propósito: «Si el filósofo y el escritor jacobinos podían mostrarse propensos, para satisfacer hasta el fondo una exigencia de libertad individual, a poner al día el antiguo dicho de *i foras* (¡vete!) o el *collige sarcinulas et exi*

(¡toma tus cosas y márchate!) frases con las que el marido —en el Derecho Romano— liquidaba a la esposa insoportable, la gran mayoría de la población italiana, incluida en ella muchos progresistas, miraba con desagrado un divorcio *ad libitum* que habría reducido el matrimonio a un contrato de compraventa.» De poco servía que Gioia estableciera distinciones y explicara como de la Ley de las XII Tablas, que permitía al hombre repudiar a su mujer por puro capricho, a la ley que se lo prohíbe en determinados casos. «Hay una serie de causas físicas, morales y civiles que llegadas a un cierto grado pueden justificar o autorizar el divorcio.» Se imponía la inercia lógica de un derecho familiar que salvo en el breve paréntesis napoleónico, había permanecido fiel a una amalgama poco homogénea compuesta por el Corpus Juris Romano, el derecho feudal y los usos locales.

* * *

Contra el divorcio jugaba el escaso éxito del mismo, en el reino de Nápoles, durante la vigencia del Código de Napoleón, bajo la monarquía de Joaquín Murat. Ya antes, en la breve República partenopea, donde a toda prisa se había instituido el matrimonio civil, la posible ruptura vincular había sido descartada.

Murat, cuando en el mes de octubre de 1808, había promulgado el Código Civil napoleónico, prudentemente suspendió los artículos que se referían al divorcio. Provocó, según cuentan los historiadores, las iras del Corso. «Prefiero ver en Nápoles, comentó el Emperador, recriminando a su general, al rey de las Dos Sicilias, antes de que el Código se aplique a medias.» Murat no tuvo más remedio que rectificar. Y el 1 de enero de 1809 los napolitanos «gozaron» de la prerrogativa de divorciarse. Benedetto Croce ha referido, en su obra *Il divorzio nelle provincie meridionali* cómo la institución no llegó a convencer al pueblo. En siete años se dictaron tan sólo tres sentencias de divorcio. Los tribunales hicieron, por su parte, lo posible para convertir el derecho a divorciarse en pura ilusión.

En las regiones septentrionales de Italia, donde también estuvo en vigor el Código —en realidad, directamente o por intermedio de parientes toda la península itálica estuvo en manos del Emperador—, se registraron diecisiete divorcios.

La restauración de los Saboyas y Borbones, y el restablecimiento del poder soberano del Papa —entre 1814 y 1815—, casi a la vez que declinaba definitivamente la estrella de Napoleón, acabó con el divorcio en Italia.

* * *

En el cada vez más extendido reino saboyano —Piamonte, Cerdeña...— que luchaba, denodadamente, en el campo militar y en el político, por la unificación de Italia, se preparaba a mitad de siglo un nuevo Código Civil, que, en opinión de sus protagonistas, debía contemplar ya el matrimonio como un contrato civil. Contra tal pretensión se movían los ambientes ligados a la Iglesia. Hasta tal punto que el Papa Pío IX no vaciló en escribir al rey Vittorio Emmanuele II, el 19 de septiembre de 1852: «Una ley civil que, proponiendo divisible para los católicos el sacramento del contrato, pretenda regular su validez, contradice la doctrina de la Iglesia, invade los derechos inalienables de la misma y prácticamente parifica el concubinato al sacramento del matrimonio, sancionando como legítimos uno y otro.» El monarca, que no deseaba en aquellos momentos una ruptura con Roma, consiguió que el Senado detuviera el curso de la proyectada ley. Contra el deseo del propio Cavour prevaleció la opinión de la vieja aristocracia clerical piamontesa, de la cual era exponente autorizado monseñor D'Augenes, obispo y senador. Su réplica al conde se revistió de solemnes palabras. «Para el Piamonte es imposible e impensable cambiar el honor del matrimonio por la infamia de la prostitución.» No hubo, de momento, matrimonio civil. La competencia matrimonial siguió —y algo análogo había ocurrido en el reino de Nápoles, cuando recobró el trono el rey Fernando de Borbón— en manos de la Iglesia.

Sin embargo, en 1865, casi a dos pasos de la unidad, se imponía, mientras el proceso de integración territorial iba adelante, la uniformidad de la reglamentación del derecho de familia, y concretamente de la materia matrimonial. El Código Civil, de ese año, reguló ya el matrimonio civil, considerándolo competencia exclusiva del Estado, si bien para endulzar la píldora se marginó la cuestión del divorcio. Como decía el Ministro de Justicia, Pisanelli, el matrimonio tenía un carácter carismático;

era un contrato *sui generis;* no podía compararse a una compraventa o un préstamo.

La dignidad atribuida al mismo impedía contemplar su posible ruptura. «Colocada la idea del divorcio sobre el dintel del matrimonio, decía Pisanelli, envenena la santidad de las nupcias y disturba la honestidad, porque proyecta sobre el hogar una amarga sospecha.» Por su parte un senador, Veglione, defendiendo la integridad del matrimonio civil, añadía: «Si es verdad que la unión entre un hombre y una mujer fue declarada indisoluble por la Iglesia Católica o por algunas otras religiones, tal cosa no excluye que en el orden natural y en el orden civil existan motivos suficientemente fuertes como para imponer la misma indisolubilidad del matrimonio. La naturaleza humana no es, por cierto, favorable al divorcio, el cual perjudica gravemente la formación y el desarrollo de la familia.» Resultado de tales premisas: el Código Civil de 1865 declaró solemnemente en su artículo 148: «El matrimonio no se disuelve sino con la muerte de uno de los cónyuges; se admite, sin embargo, la separación legal.» (Un principio que sería aceptado también por el Código Civil español.)

Sin embargo, los elementos ultracatólicos se revolvieron abiertamente contra el gobierno, estimando que se había dado un primer paso para la introducción del divorcio. Porque éste era como «el complemento lógico y natural del matrimonio civil».

Con el Código de 1865 se estableció de hecho, el doble régimen matrimonial. El estado sólo reconocía validez a la unión civil, celebrada ante un funcionario público; los cónyuges, sin embargo, podían antes o después (como ocurría en España, durante la Segunda República) intercambiar su mutua promesa, de fidelidad, ante un ministro de la Iglesia. No faltaron sacerdotes, que aprovechando la ingenuidad de sus feligreses, unían a las parejas con su bendición, sin advertirle que aquel matrimonio era, para la ley civil, inexistente. En general, para la mayoría de los italianos sólo era vinculante el rito canónico. Tan público desprecio se hacía del matrimonio civil, que algunos parlamentarios más o menos radicales, reclamaron, solicitando que se impusiera a las autoridades eclesiásticas la prohibición de dar su bendición a los cónyuges que previamente no hubieran pasado por el oportuno trámite civil.

El doble régimen se mantuvo en Italia hasta la Conciliación, el 11 de febrero de 1929, cuando se firmaron Pactos Lateranenses y el Concordato, aún hoy vigentes.

DIVORZIO
SUBITO

«Divorcio rápido»
Un cartel paseado por Roma, en una manifestación divorcista.

V. LA PRIMERA PROPUESTA DIVORCISTA

El 13 de mayo de 1878, el pintoresco diputado napolitano, Salvatore Morelli, se levanta en la Cámara, y presenta su propuesta de ley del divorcio. Desde 1867 se batía en favor de la institución. En dos ocasiones —1874 y 1875—, circunstancias diversas habían impedido que el Parlamento conociera su iniciativa.

A estas alturas, se vivía en Italia bajo el signo de una renovación democrática. A una larga etapa conservadora había sucedido, en 1876, un gobierno de izquierdas, que parecía dispuesto a facilitar el propósito de Morelli.

Desde la promulgación del Código Civil de 1865 habían pasado doce años. En tanto se había confirmado la unidad en Italia, el 20 de septiembre de 1870. La mortificación del Papa era como es de suponer, grande. Precisamente por eso, para no ahondar aún más el abismo entre las dos Italias, se mantenía una política prudente en cuanto tocase a los intereses de la Iglesia. El diario londinense *The Times* escribía: «Los italianos han luchado hasta ahora contra el divorcio, ante el temor de ensanchar el vacío existente entre la nación y el Vaticano.»

El Papa, un tanto, aunque recluido en su voluntario confín de la ciudad leonina, no dejaba de intervenir en los asuntos de Italia. Contaba con fuerzas políticas y económicas poderosas, y tenía en la misma casa real fieles valedores.

Quizá por eso, el divorcio fue, en los primeros años de la Italia unida, un tema tabú. Sin embargo, de manera un tanto silenciosa, se iba produciendo en el pueblo italiano una evolución importante: con cierta dificultad se abrían camino las nuevas ideas de laicismo en una sociedad que ya no temía al poder temporal de la Iglesia. Por otra parte, el rodaje del matrimonio civil, reconocido en el Código de 1865, acostumbrada a la gente a contemplar la institución matrimonial al margen de la autoridad religiosa, como algo casi natural.

Así, la presentación de la propuesta de ley del divorcio contó, si no con una larga corriente de opinión favorable, si con un ambiente propicio, al menos dentro de las clases más «inquietas», intelectualmente hablando.

Salvatore Morelli, autor de un libro titulado *La mujer y la ciencia,* pasaba por feminista. Por eso a nadie le extrañó que cuando el ministro de Gracia y Justicia, Conforti, le llamó, como experto en problemas familiares, para preguntarle sobre algunas cuestiones relacionadas con la reforma del Código penal del Reino, Morelli le respondiese: «Sería mejor ir a la reforma del Código Civil, en aquella parte que se refiere a las relaciones conyugales, que cuando son ilógicas, generan tales disfunciones familiares, que bordean el delito; por ahí se debía comenzar antes de ir a una nueva redacción de las leyes penales.»

La propuesta presentada por Morelli contemplaba seis casos posibles de ruptura vincular: la impotencia posterior al matrimonio e incurable; la infidelidad de cualquiera de los cónyuges o la prostitución de la mujer; la tentativa de uxuricidio; la condena perpetua a trabajos forzados; la prodigalidad y la grave incompatibilidad de caracteres, de tal calibre que hiciese imposible la convivencia de la pareja.

En el discurso de presentación, Morelli dijo:

«La sociedad evoluciona y con ella la personalidad de la mujer. La inmovilidad es cosa de los muertos, no de los vivos. Los primeros cristianos no consideraban un dogma la sentencia de San Marcos, —*quod Deus coniunsit homo non separet*—, y admitieron el divorcio por servicio divino, adulterio y razones de Estado. Durante el tiempo de vigencia del Código napoleónico, que admitía diversos casos de divorcio, en los estados acogidos al mismo, entre ellos Italia, se registraron pocas rupturas matrimoniales. Se me dirá entonces, ¿por qué se pide esta ley? ¿Cuándo, alguna vez, las multitudes italianas la han solicitado? Yo respondo, con Vico: es el intelecto de la nación el que gobierna; no son las multitudes.»

Por cierto que en el debate a propósito de la iniciativa, Morelli aseguró que el Papa León XIII, tenía en su ánimo introducir en la Iglesia grandes reformas, entre ellas la relativa al matrimonio de los sacerdotes. La réplica de *L'Osservatore romano* no se hizo esperar. «Conviene mirar bien, con imparcialidad —se leía en un comentario del órgano vaticano—, a cualquier cosa que madure en el Parlamento, y se apreciará mejor lo que es la anarquía. Entre tanta anarquía, quizá el menos peligroso es todavía Salvatore Morelli, el cual, proponiendo el divorcio anuncia que el Papa permitirá el matrimonio de los curas. Junto a la broma irreverente, los embrollos, los lios... Tal es el termómetro de la atmósfera parlamentaria.»

La disolución anticipada de aquella legislatura impidió la discusión de la propuesta de Morelli. *La Libertá,* ante la poca atención que los diputados habían prestado a la innovación, había sentenciado con amargura: «No se podía esperar otra cosa, de una cámara como ésta donde con cuatrocientos progresistas, faltaba la idea de progreso.»

No obstante, este primer fracaso, el parlamentario napolitano, volvió a la carga, en la sucesiva legislatura. El 18 de febrero de 1880 Morelli proponía, de nuevo, su ley. Esta vez reducía a dos los casos de divorcio, según el primer artículo de su proyecto: «El divorcio se admite: 1) cuando uno de los cónyuges es condenado a trabajos forzados a perpetuidad; 2) en caso de separación personal, completa, después de seis años, cuando haya hijos, o después de tres años, cuando no los haya.»

El discurso de Morelli, en aquella ocasión, hizo referencia al panorama divorcista exterior. «Tres cuartas partes del mundo tienen el divorcio. La sola región de Europa, que carece de este medio de bienestar social está constituida por países de estirpe latina: Italia, España y Francia *. Quiero advertir, sin embargo, que el papado que niega a los demás el derecho al divorcio, mantiene en su legislación varios motivos del mismo, con el título de impedimentos dirimentes.»

El ministro de Justicia, Tomaso Villa, autorizado y prestigioso exponente del Partido Democrático, era también un decidido partidario del divorcio. Apoyaba a Mo-

(*) En Francia el divorcio se instauró en 1792. Abolido con la restauración borbónica, en 1816, fue definitivamente introducido en 1884.

relli con palabras muy prudentes: «...en el tema del matrimonio, decía, nuestro código civil está muy atrasado con relación al derecho canónico. No tenemos, por ejemplo, la nulidad en el caso del matrimonio rato y no consumado.» Y añadía: «Con el divorcio, dicen, se acepta y se consagra una doctrina que la Iglesia repudia. ¿Por qué ofender a la Iglesia? Pero la acusación es infundada. Nosotros no imponemos al católico la adopción de un remedio que a su conciencia repugne. Simplemente, nosotros cancelamos una prohibición que otras confesiones religiosas no tienen.»

Morelli murió y su propuesta se quedó sin defensores. Pero antes se había registrado una vigorosa intervención de la Iglesia. El Papa León XIII había condenado duramente el 10 de marzo de 1880, en la encíclica «Arcanum», la iniciativa divorcista. «A causa del divorcio, advertía el Pontífice, el pacto nupcial queda sujeto a la mutabilidad caprichosa. Se debilita el afecto. Se dan perniciosos incentivos a la infidelidad conyugal. Se dañan el cuidado y la educación de la prole. Queda disminuida y deprimida la dignidad de la mujer, que corre el peligro de ser abandonada, después de haber servido como instrumento de placer al marido.»

* * *

Pocos meses después, en 1881, el propio ministro Tommaso Villa prepara una propuesta de ley divorcista que merece ásperos comentarios de *Civiltá Cattolica.* La revista de los jesuitas —que cuando llegue después, en 1970, el «picolo divorzio» de Loris Fortuna, será tan prudente en los juicios— se lanza al ataque y define la iniciativa de «villa...na», jugando con el apellido del ministro. Dice que la propuesta «villana» es deshonesta, impía, sacrílega, satánica. «Evidentemente, el mismo Satanás, afirma la publicación, grita, en las cuevas de la Fracmasonería, a las orejas del ministro su terrible mandato, y le empuja hacia adelante para que haga aquello que por sí sólo no se atrevería a acometer.» «A esto hemos llegado, añade, en nuestra desventurada Italia, en poco más de veinte años de desgobierno y revolución. Así se explica que se tolere a un ministro, al servicio de los masones, que presente a la cámara, y que ésta lo acepte porque está al servicio de la Fracmasonería, un proyecto de ley favorable al divorcio.»

Antes de que se materializara en un texto escrito el propósito del ministro, la opinión católica se movilizó, guiada por el duque de Salviati. A través de las parroquias se inició la recolección de firmas (a los analfabetos se les pedía en vez de su autógrafo, una cruz) para evitar que la propuesta prosperase. Se consiguieron 637.712 rubricas, estampadas al pie de un documento dirigido al Parlamento, donde se rechazaba «el deplorable proyecto», que amenazaba «el sacro vínculo de la unión conyugal». «Es un atentado, se afirmaba, a la indisolubilidad. Nosotros, católicos, detestamos, con toda el alma, el divorcio, y fieles a las enseñanzas de la Iglesia, pedimos que no se viole, entre nosotros, la santidad del sacramento y sea tutelada la estabilidad del matrimonio. En nombre de la religión y del bien público pedimos que, en ningún caso, se admita el divorcio. Porque una vez abierto el camino no habrá freno ni prudencia. Las más funestas consecuencias se sucederán. Y no queremos para Italia tantas desgracias.» Y recordaba las palabras de León XIII, en «Arcanum» para terminar: «No queremos que se siembre la discordia en el hogar, ni que se conmuevan los cimientos de la sociedad. Si no queréis, señores diputados, arruinar a la patria, no déis este golpe fatal a la familia.»

A las protestas de la Iglesia y del Vaticano, replicaban los progresistas recordando como para los católicos, el matrimonio civil, —único válido en Italia—, era un concubinato. «El divorcio de una unión así calificada, argumentaban, debería ser grato a la doctrina católica».

En fin, entre tantas polémicas, el 1 de febrero de 1881, al ministro Villa presentaba su proyecto acompañándolo de una auténtica monografía sobre el tema. En el largo preámbulo se hacía una historia del instituto, se recopilaban los motivos en pro y en contra, y se justificaba la necesidad de la ley, que admitía el divorcio sólo en dos casos: cuando un cónyuge incurriera en la pena capital (aunque no se le ejecutase después) o fuese condenado a trabajos forzados para toda la vida o a cadena perpetua, y cuando existiera separación personal decretada por los jueces, y durase ya cinco años, si había hijos, o tres, si no existía descendencia. El proyecto presentaba interesantes limitaciones, siempre en defensa del vínculo, en relación con las anteriores propuestas de Morelli, ya que se establecía que el cónyuge, culpable de la separación, no podía pedir el divorcio; asimismo cuando se tratase de separación por adulterio, el condenado por adúltero no podía contraer matrimonio con su cómplice. Se instituía, también, un «Consejo de familia», con la misión de colaborar con el juez en el intento de reconciliar a los esposos en trance de divorcio.

Aparte de exponer una larga panorámica de la legislación comparada, el ministro Villa, recordaba que en Italia, los uxoricidios consumados, o fallidos, sumaban, desde el 1 de enero de 1866 al 31 de diciembre de 1880, 669. Casi cuarenta y cinco por año.

Tommaso Villa, «un auténtico príncipe del foro» que había contribuido al buen éxito de la Exposición Internacional de Turín, no escurría el bulto, y exponía con valor y serenidad sus juicios: «La doctrina de la indisolubilidad, decía, no tiene otra base que los doctores de la teología católica y los decretos de los concilios. Se trata de ver si imperiosas razones de orden público reclaman el mantenimiento de una ficción legal que consiste en considerar existente una ligazón que está ya muerta, y eso por razones que la ley no puede evitar.» Luego añadía: «El espíritu religioso no tiene razón para sentirse herido por la introducción del divorcio: el divorcio, en efecto, no se impone a nadie, no es obligatorio. Nadie obliga a dos cónyuges a separarse, aunque anden metidos en continuas discordias.» En fin, sostenía Villa: la ley tendía a «pacificar a los ofendidos, daba tranquilidad a tantas pobres familias; realzaba la dignidad de los esposos, especialmente la de la mujer; aseguraba a la sociedad contra el peligro de las uniones clandestinas, y garantizaba contra el todavía más grave riesgo de ver crecer año tras año, la ya numerosa familia de naturaleza ilegítima».

Frente al proyecto de Villa, aparte de la hostilidad de los católicos —que superando su mortificación al tener que tratar con los representantes de un estado «usurpador» (al que no reconocían), presentaron por escrito sus peticiones—, se movió también Antonio Salandra, quien desde el campo de la derecha liberal, sostuvo la inoportunidad del divorcio, y habló de «mixtificación» de la voluntad del pueblo, que no había sentido «la necesidad concreta» del mismo.

La inesperada clausura de la legislatura impidió la discusión en aula del proyecto, a pesar de haber sido favorablemente acogido y dictaminado por la comisión parlamentaria correspondiente.

VI. EL DIVORCIO INICIATIVA MASONICA

Todavía, antes de que el siglo XIX echara los cierres, se registraron dos nuevos intentos divorcistas. Uno en 1883. Otro en 1892.

El primero de ellos contó con la firma del Ministro de Gracia y Justicia, Zanardelli, quien el 10 de abril de 1883, suscribió prácticamente el proyecto Villa. El hecho parece denunciar que, indudablemente, existía una conciencia favorable al divorcio. La comisión parlamentaria, de acuerdo con la iniciativa, añadió a los motivos de divorcio ya recogidos en el primitivo proyecto, la condena a la pena de veinte años de detención.

Pero la discusión no pasó del prólogo. Para el gobierno, presidido por De Pretis —era una coalición un tanto ambigua—, resultó el tema un insuperable escollo. Tanto que al final cayó y el proyecto fue archivado, de momento, a pesar de que por entonces, la introducción en Francia del divorcio, había animado considerablemente a los divorcistas italianos.

* * *

En el último decenio del siglo se abre, una vez más, la polémica. En 1891, en el mes de mayo, comienza a publicarse una revista *Il Divorzio,* órgano de un titulado «Comité Promotor de la Ley del divorcio». La dirige Camillo De Benedetti; entre sus redactores figuran los exministros favorables a la reforma, Villa y Zanardelli. No cuenta la publicación con grandes medios económicos, pero si con una vasta masa de lectores que apoyan su batalla, con cartas animosas. Por esos días M. Naquet, máximo exponente del movimiento que ha hecho triunfar en Francia el divorcio, pronuncia discursos por las ciudades más importantes de Italia. En Roma habla el 14 de abril de 1891.

La propaganda divorcista de M. Naquet, sin embargo, resulta contraproducente, porque el referido «monsieur» es de raza judía. Y los antidivorcistas que ya han presentado la iniciativa de la reforma como una maniobra masónica (Villa, Zanardelli y otros recalcitrantes divorcistas pertenecen a la Secta) tienen, ahora, razón para decir que son los hebreos —con los masones— quienes quieren implantar en Italia el divorcio. Si en la trinchera divorcista están en efecto, los fracmasones * y los judíos —Ernesto Nathan, otro decidido y tenaz propagandista de la reforma es «hermano» y «circunsciso»—, el pueblo llano tiene sobradas razones para recelar de la misma. Se remueven los posos del antisemitismo, se multiplican los insultos contra «la raza maldita de Dios». En vano, un ilustre jurista judío, Vittorio Polacco, profesor de la Universidad de Padua, intenta explicar lo que es el repudio hebreo, en un libro titulado *La questione del divorzio e gli israeliti in Italia,* es inútil que se declare, el mismo, antidivorcista. Por algún tiempo el tema divorcista se atribuirá como pretensión, a los judíos.

En septiembre de 1891, se abre en Florencia un congreso jurídico, donde se plantea como tema central el divorcio. Se lanzan al ruedo argumentos en favor y en contra. Truena Francesco Gabba, autorizado exponente del antidivorcismo, con palabras rotundas: «El legislador que intente hoy introducir el divorcio, aunque sea en pocos casos, en un país que desde hace siglos lo ignora, no hará más que abrir un insalvable abismo, *una terrible falla,* en esta institución de la familia que es, a la vez, el principal baluarte de la moralidad y el más expuesto a los ataques de la sensualidad y del egoísmo.»

Pero Tommaso Villa pide que se vote sobre el tema. «Hace falta, explica, que salvando el concepto general de

(*) Ernesto Nathan escribiría después en *La Rivista della massoneria,* el 10 de abril de 1899, una carta abierta a sus «hermanos» con estas palabras: «Es indispensable asegurarse... la precedencia del matrimonio civil sobre el religioso y oponer a la indisolubilidad su caducidad, cuando la culpa individual la justifica.»

la indisolubilidad del vínculo, se reconozca por ley la práctica necesidad del divorcio en los casos en los cuales el estado matrimonial entre los cónyuges resulte moral y materialmente imposible.»

Por 106 votos a favor, frente a 77 en contra, la Asamblea se declara favorable a la reforma. *Il Divorzio,* la batallera publicación mensual romana, comenta en su número de octubre: «El voto sobre el divorcio señala la vía directa capaz de conducir a buen puerto la preciosísima reforma.»

* * *

El 12 de marzo de 1892, Tommaso Villa, esta vez como soldado raso, como simple diputado, vuelve a presentar su vieja propuesta. En ella aparecen como causas de la disolución matrimonial: la condena a cadena perpetua («ergastolo») o a una pena de reclusión no menor a veinte años, y la separación de los cónyuges, por cinco años cuando hay prole, o a tres, si no existe. Se mantienen las limitaciones de los proyectos anteriores, en relación al cónyuge culpable, al que no se autoriza a pedir el divorcio.

El 4 de abril, cuando Villa, se alza en la cámara para defender su iniciativa pide que se marginen las consideraciones políticas. Repite que «el divorcio no es la palabra de orden de un partido». Se trata, insiste, de «una reforma social» que tiene carácter «curativo», terapéutico. No quiere entrar en polémica con el Papa León XIII, que, en su «Humanum Genus» ha dicho: «Si se olvida el sacro de la unión matrimonial, si se permite jurídicamente el divorcio, la confusión y la discordia entrarán, como inevitable consecuencia, en el santuario de la familia, y la mujer perderá su propia dignidad.»

Villa se bate tenazmente. «Cuando cesan las condiciones, de hecho y de derecho, explica, que forman la esencia del matrimonio, de la sociedad conyugal, no se puede admitir que la misma sobreviva o perdure. A su disolución, sin embargo, no se debe llegar si no cuando falten las condiciones de hecho o de derecho del matrimonio, y los procedimientos previstos por la ley, para reconstruir la familia, resulten ineficaces.»

El Ministro de Gracia y Justicia —presidía el gobierno Giolitti—, contrario a la reforma, se limitó en su respuesta a Villa, a señalar los abstáculos de naturaleza práctica que se oponían al divorcio. «No se trata, dijo, de un problema abstracto, que puede resolverse mirando tan sólo, como ha hecho el Congreso de Florencia a unos principios jurídicos. Hay que contar con la realidad social del país.»

En tanto, han vuelto a movilizarse los ambientes católicos; son innumerables las publicaciones en manos de la Iglesia que cruzan sus fuegos contra el proyecto. Un Comité para la defensa del matrimonio, encabeza la oposición. Esta vez se presentan al Parlamento 700.000 firmas pidiendo la definitiva sepultura de la reforma.

Cuando el 6 de diciembre se abre la nueva legislatura Tommaso Villa insiste. Esta vez le sale al paso Antonio Salandra, desde 1881 hostil al divorcio. Su argumento es bien simple: «el pueblo no lo quiere». Presentar la reforma como un objetivo del liberalismo, es enajenarle simpatías a un ideal que ha hecho posible la unidad de Italia. «Sancionando la disolución del matrimonio, dice, haremos un flaco servicio a la facción clerical, porque las familias italianas serán empujadas al seno de la Iglesia católica, a la cual pedirán la perennidad del vínculo no garantizado en la ley civil.» «El divorcio, afirma, intentando ganarse la opinión de los socialistas, no interesa al pueblo. La democracia moderna tiene por delante otras muchas cosas que hacer, para afanarse tras una reforma que todo lo más puede ser utilizada por una parte de la sociedad italiana —y no la mejor, ciertamente— por las clases superiores y medias, una reforma que, en cambio, conmueve poco a las grandes masas populares, en general, indiferentes ante el problema.»

El nuevo Ministro de Gracia y Justicia, Bonacci, entre el doble fuego de Villa y Salandra, no esconde la ambigua posición del gobierno. Habla del sentimiento religioso de la población italiana. Hace falta mucha calma y serenidad, advierte... pero no da tiempo, para discutir a fondo el proyecto Villa. Un escándalo financiero —el de la Banca Romana—, precipita la suerte del gobierno Giolitti. Es el quinto naufragio de una propuesta divorcista.

VII. LA BATALLA DEL DIVORCIO EN EL SIGLO XX

Con el nuevo siglo entran en liza, en la batalla por el divorcio, los socialistas, que levantan la bandera de la innovación. No son muchos, en el Parlamento —doce diputados—, pero mueven opinión.

El 9 de marzo de 1901, se presenta a la Cámara un proyecto de ley divorcista, que firman el profesor Agostino Berenini (catedrático de Derecho Procesal Penal de la Universidad de Parma; luego ministro de Instrucción Pública, con el gobierno de Vittorio Emmanuele Orlando) y treinta parlamentarios más. A esas alturas la vida política italiana vive bajo el signo de la calma, después de la conmoción producida por el regicidio de Monza, donde un anarquista asesinó al joven monarca Umberto I.

Con el reinado de Vittorio Emmanuele III se inaugura una etapa de liberalización. Dos divorcistas convencidos, Zanardelli y Villa, ocupan puestos de alta responsabilidad: uno es Presidente del Consejo, el otro de la Cámara de diputados. Por tanto la iniciativa de Berenini corre menos riesgos que los proyectos divorcistas anteriores.

Los socialistas han reivindicado la reforma en su propaganda. «El socialismo, según escribe, el magistrado Federici, en su libro *Divorzio e socialismo,* como ya hizo en Francia, también en Italia ha acogido bajo sus alas, el divorcio; quiere hacer del mismo una de las columnas del nuevo edificio que quiere construir.»

En la propuesta de Berenini se amplían, con relación a las anteriores, los casos de divorcio: además de la condena a vida, la pena de reclusión, la separación personal... se añaden la interdicción por enfermedad mental (siempre que dure más allá de tres años y se considere insanable) y la impotencia manifiesta y perpetua, descubierta o producida durante el matrimonio. Si el Código Civil vigente considera la impotencia antecedente y la enfermedad mental, como motivos de anulación, no hay razón, explican los divorcistas, para que no se acojan ambas causas como motivos de divorcio. En el proyecto en cuestión desaparecen las limitaciones que en los anteriores existían para el cónyuge culpable. El adúltero podrá contraer matrimonio con su cómplice una vez obtenida la sentencia de divorcio, sin esperar a más.

* * *

En la comisión nombrada al efecto —ya se ha registrado el parecer favorable del Ministro de Gracia y Justicia, Cocco Ortu—, entran ocho diputados favorables al divorcio y uno sólo, Scalini, contrario. Los socialistas se frotan las manos. Y como andan pidiendo una ley del referéndum (que permita al pueblo decir la última palabra en las cuestiones estimadas como fundamentales), escuchan de labios de Scalini esta advertencia: «Si ese partido —el socialista— se atreviese a invocar un referéndum, la causa del divorcio sufriría tal derrota que la propuesta quedaría descartada al menos por diez años.»

Cuando el 24 de enero de 1902 el tema llega al aula de Montecitorio, ya León XIII ha lanzado, con su ardorosa palabra, una nueva condena contra el divorcio. En una alocución del 16 de diciembre de 1901, afirma: «No sólo advertimos, sino que suplicamos, invocando lo más querido y lo más sagrado, a quienes corresponde deliberar sobre el proyecto de ley, que desistan de la empresa.» En vano Berenini, había dicho: «El divorcio, como instituto laico, no tiene nada de irreligioso, que no ostente ya el matrimonio civil. Ya sabemos que éste, para la Iglesia, no es sino un inmoral concubinato; para nosotros, en cambio, el sacramento es una unión libre, irregular y no-jurídica.» «La Iglesia, ha afirmado también Berenini, no puede invocar el brazo civil para dar fuerza y sanción a sus propios dogmas. Si así fuese, Roma se habría convertido en capital de Italia vanamente, y de nada habría servido la brecha de la Porta Pia. En fin, el divorcio no será nunca un estímulo a la disolución del matrimonio, más de lo que significa como freno al delito, la pena.»

No llegó a discutirse la ley patrocinada por Berenini; acabó la «temporada». Pero al abrirse la segunda sesión de aquella legislatura —XXI del reino—, en el discurso de la corona, Vittorio Emmanuele III hizo una alusión al tema. «Mi gobierno, dijo, se propone armonizar con el derecho común y con el de otras naciones, el ideal principio de la indisolubilidad del matrimonio civil.» Es la primera vez que desde los bancos gubernamentales se va a patrocinar una ley divorcista.

El 26 de noviembre de 1902 se presenta, en efecto, el proyecto que lleva las firmas de Zanardelli (presidente del gobierno) y Cocco Ortu (ministro de Gracia y Justicia). Se trata de un empeño serio que ofrece como novedad un divorcio articulado sobre el perno de la separación, recogiendo así las indicaciones manifestadas durante la discusión en la comisión parlamentaria de la propuesta Berenini. En líneas generales la ley proyectada admitía: 1) que la sentencia de separación personal puede dar lugar a la disolución del matrimonio, por excesos, sevicias, amenazas o injurias graves, por condena a cadena perpetua o a penas de detención superior a veinte años; 2) que la demanda de divorcio no podía interponerse ante los tribunales hasta pasado un año de la sentencia de separación, cuando no haya hijos o tres si los hubiere. «El divorcio, como escribía un defensor del proyecto, se presenta no como sucedáneo o concurrente de la separación sino como complemento facultativo de ésta.»

A pesar de su moderación el proyecto encontró en la opinión pública fuerte oposición. Junto a los católicos (esta vez consiguieron sumar tres millones y medio de firmas, contra el divorcio), se manifestaban también importantes núcleos liberales de matiz conservador. Por si fuera poco, los socialistas comenzaron a desentenderse del tema, pensando que el divorcio era una institución que interesaba a la burguesía y no al proletariado. El propio Bisolati decía: «la reforma no puede considerarse como una reivindicación marxista, en cuanto que los males del matrimonio derivan de su condición de instituto inserto en el sistema económico capitalista.»

En resumidas cuentas: el proyecto Zanardelli-Cocco Ortu decayó también. La estocada definitiva se la dio el derechista Antonio Salandra, quien malignamente declaró en el parlamento: «Ningún momento era tan propicio como éste para hacer pasar la propuesta.» Era como decir a los divorcistas, que deberían abandonar «toda esperanza».

* * *

El 12 de junio de 1902 se había firmado en La Haya una convención europea, que tenía como objetivo, resolver los conflictos de leyes y de jurisdicciones que en materia de divorcio y separación se planteaban cuando concurrían, por la nacionalidad diversa de los cónyuges, legislaciones diversas. La convención imponía a los estados signatarios el reconocimiento de las sentencias de divorcio de acuerdo con la nacionalidad «oficial» del divorciado. Así un italiano, que consiguiera cambiar su «etiqueta» nacional, haciéndose ciudadano de un país divorcista, podía después hacer valer en Italia su ruptura anterior. Era como cerrar la puerta al divorcio, pero dejándole entrar por la ventana. Italia convalidó la convención con una ley del 7 de noviembre de 1905. El divorcio conseguido en el extranjero, previa nacionalización de los cónyuges distanciados, fue, desde entonces, un expediente fácil, sobre todo cuando había por medio dinero y... tiempo.

La polémica desatada por esta escapatoria divorcista se mantuvo vigente hasta los años veinte. En 1926, «Civiltá Cattolica», escribía: «Ninguna ley o convención podrá jamás hacer bueno lo que es intrínsecamente malo, ni legitimar aquello que se opone a la ley santa de Dios, a la conciencia y al buen sentido del pueblo italiano.»

* * *

En estos primeros años del siglo XX, se produce en Italia un acontecimiento de singular importancia. Los católicos, excluidos, por propio deseo, de la vida política del país, como protesta contra el despojo sufrido por el Pontífice, que había visto sus estados reducidos a la minúscula porción de la ciudad leonina, prácticamente a los altos muros vaticanos, consiguen autorización para poder intervenir, a cara descubierta, en las contiendas políticas. Decae el «non expedit». Es Pío X, el Papa Santo, quien comprende que la soberanía temporal no era precisamente un regalo del cielo. Sin el título de rey, el Vicario de Cristo tendrá mayor autoridad entre los cristianos. Para los católicos italianos es como alcanzar la mayoría de edad ciudadana.

El peligroso ingreso de «los clericales» en la vida política del país, hará ahora más duro el itinerario del divorcio. Porque ya las protestas contra la ruptura vincular no se escucharán tan sólo en la calle; resonarán también en el Parlamento. La indisolubilidad del matrimonio, por supuesto, se fortalece, porque los gobiernos han de contar ahora con una fuerza política nueva, que en cualquier momento puede resultar decisiva para la vida de un gabinete. Giolitti, que personalmente es partidario del divorcio, comprende perfectamente como de ahora en adelante habrá que contar con esta realidad *.

* * *

El 4 de diciembre de 1913, un diputado republicano, Comandini, en su respuesta al discurso de la corona, plantea por enésima vez la cuestión del divorcio. La Cámara, la primera elegida a sufragio universal, no tomará demasiado en serio el discurso. Sin embargo, Comandini llega a presentar una propuesta en serio, donde el divorcio se contempla como posible en los casos en que uno de los cónyuges haya sido condenado al «ergastolo» (cadena perpetua) o a reclusión por más de diez años; cuando el marido o la mujer padezcan enfermedad mental durante más de tres años, y los médicos la hayan considerado incurable; cuando exista separación personal (cinco o tres años, según haya o no hijos).

Los tiempos no son los mejores para pasar a discutir un tema que divide en dos mitades a la opinión pública italiana. Giolitti ha tenido que dejar paso a Salandra, de-

(*) Por estas fechas interviene en la política divorcista un escritor sumamente apreciado por los italianos: Edmundo De Amicis. El autor del tan leído «Cuore», que se define a sí mismo «más socialista que católico», no vacila en escribir: «La indisolubilidad matrimonial tiene sus víctimas; pero el divorcio las produciría también, y quizá en mayor número, porque heriría particularmente a la mujer y a los hijos. Es, por tanto, inoportuno presentar un proyecto de ley en tal sentido en el momento en que el país reclama reformas económicas y financieras. Es absurdo provocar una profunda ruptura en la base del sentimiento religioso, en un pueblo, que tanto del lado económico como del lado de la cultura, se encuentra en condiciones que merecen nuestra especial y total solicitud.» (Del artículo «Sul divorzio», *Giornale di Genova,* 3-3-1905.)

cidido enemigo del divorcio. Por otra parte en Europa soplan vientos de violencia, mientras en Italia se despierta la conciencia revolucionaria del proletariado. «La semana roja» en junio de 1914, que ve a Nanni empeñado en la barricadas, es como una señal de alarma, como un anticipo de la revolución que se está incubando entre las masas obreras de la Rusia zarista.

La guerra europea estalla en aquel verano mismo de 1914 e impone una pausa obligada a la polémica divorcista. El clamor de las reivindicaciones territoriales divide a los socialistas italianos. Un fogoso maestro romañolo, Benito Mussolini, sale de la fila del socialismo abstencionista, para reivindicar el derecho del proletariado e intervenir contra los imperios centrales. Ha sonado la hora de la liberación de los territorios italianos situados en el confín norte-oriental. Trento, el Alto Adigio, la Venecia Julia, Trieste...

La intervención no resulta ciertamente un paseo militar. Al principio, sí. Al comienzo —en la primavera de 1915—las tropas italianas penetran en el dispositivo defensivo austríaco, pero bien pronto la triste vergüenza de Caporetto denuncia la escasa moral de las tropas italianas, la ineptitud de los mandos, la cobardía, cambia el signo de la guerra. La participación norteamericana arroja en el platillo aliado el peso formidable de un ejército fresco, joven, bien pertrechado que acude a echar una mano a las potencias amigas de Europa. Y con el enemigo ya casi abatido, Italia se apunta una victoria harto discutible que la permite no sólo sumar a su geografía ciudades y comarcas de población italiana, sino incluso Bolzano y el Tirol del Sur, que aún sienten hoy el tirón de su germanidad.

* * *

La paz no significa para Italia sosiego. Al contrario. La contienda política se hace más dura. Los fascios de combate capitaneados por Mussolini están ya, al comienzo de los años veinte, entregados a la dialéctica «de los puños y de las pistolas». Al terrorismo rojo responden las bandas aguerridas de los camisas negras, batiéndose sin piedad, contra el enemigo. El puñal, el grito, «Giovinezza, Giovinezza...». ¿Quién puede en este ambiente de guerra civil, con partes diarios de muertos y heridos, pensar en el divorcio?

Sin embargo, el 6 de febrero de 1920, Marangoni y Lazzari, a la cabeza de un grupo de diputados, replantean la cuestión. En el proyecto se lee: «Artículo Primero: Se admite la disolución del matrimonio sólo en el caso de que el mismo no responda al objetivo fisiológico y social de la procreación, por la irrevocable separación de los cónyuges, y después de dos años de haberse pronunciado la oportuna sentencia.» En los sucesivos artículos se aclara que cuando existan hijos el plazo será de tres años. Y se añade que valen también las motivaciones señaladas en el Código Civil para la separación y además: la impotencia manifiesta y perpetua producida después del matrimonio; la condena a pena infamante, que suponga detención a más de cinco años; la enfermedad mental incurable que haga imposible la convivencia entre los esposos, y la enfermedad trasmisible o repugnante, siempre que sea declarada incurable. Se añade textualmente: «Podrán pedir asimismo el divorcio, aunque no exista precedente sentencia de separación, los maridos que comprueben el adulterio de la mujer, durante una ausencia motivada por el reclamo de las armas en tiempo de guerra o de deberes sociales en caso de calamidades públicas; igual derecho corresponderá a la mujer obligada a abandonar el hogar conyugal por misiones públicas o humanitarias.»

Marangoni llegó a defender su propuesta, frente al Parlamento. El gobierno aseguró que tomaba en consideración la misma, a pesar del discurso contra el divorcio pronunciado por el diputado Meda, en nombre del recién nacido Partido Popular (católico), quien expresó su reprobación a cualquier intento de debilitar la institución familiar.

Pero una vez más, el Parlamento cerró sus sesiones sin llegar a discutir a fondo la propuesta.

En el diario combate callejero, las escuadras de Mussolini soñaban ya con la marcha sobre Roma.

VIII. EL DIVORCIO Y EL FASCISMO

El 28 de octubre de 1922, Mussolini, tras la simbólica Marcha sobre Roma —no fue una empresa heroica, sino una espléndida «comedia de arte» del futuro Duce del Fascismo—, recibe de manos del rey Vittorio Emmanuele III el poder.

Un aire nuevo sopla sobre Italia. Orden y disciplina, es la consigna. De pronto, la administración del Estado comienza a funcionar: se acaban las huelgas y los asaltos; los trenes salen y llegan a su hora; se vive «de otro modo», en un país que había perdido el pulso y parecía condenado a la desintegración. Mussolini remueve la fe de los italianos; incluso en muchos sectores ajenos al Fascismo, —obtendría plenos poderes de una Cámara, donde su partido es sólo una minoría—, se abre camino la idea de que el Duce es «el hombre justo» para salvar a Italia. Benedetto Croce y Toscanini, por ejemplo, caen en el hechizo fascinante de Mussolini.

En un principio, en el manifiesto del Partido fascista, el divorcio se proponía, como uno de tantos objetivos de valor civil y social, pero «convertido» ya en gobierno responsable de Su Majestad, cambian las cosas. La dialéctica autoritaria es contraria a la disolución matrimonial. El divorcio es un mal porque disgrega a la familia, institución sacrosanta, pilar de la nueva sociedad.

No obstante, entre el 31 de mayo y el 9 de junio de 1923, se habla en la Cámara del divorcio, con ocasión de la propuesta de ley que otorga al gobierno plenos poderes para adecuar la legislación existente en las nuevas provin-

5

cias (incorporadas tras la victoria de 1918), a las leyes italianas. Tanto en Trieste, como en Fiume, como en toda la región de Trento-Alto Adigio y en la Venecia Julia, resulta vigente una legislación divorcista «relativa», porque la ruptura vincular era aceptada en algunos casos, dentro del disuelto imperio austro-húngaro, al que pertenecían aquellos territorios incorporados a Italia. Se impone un régimen de transición, para no crear conflictos en las nuevas provincias, donde abundan minorías étnicas no italianas.

El divorcio, por tanto, se mantendrá prácticamente hasta 1929 en esas ciudades y regiones, pero no se extenderá en ningún caso a toda la península. «Civilitá Cattolica» se congratulará: «Afortunadamente, por ahora, esta brecha laica no se abrirá, gracias a la decidida oposición de Mussolini.» (Pero durante algunos meses se prodigaron los llamados «divorcios fiumianos», de Fiume, como escapatoria legal a la indisolubilidad vigente en el resto del país. Tales divorcios se pronunciaban en nombre de Su Majestad Vittorio Emmanuele III, pero eran consideradas como «sentencias extranjeras» sujetas, para su vigencia en la península, a lo estipulado en las Convenciones de La Haya).

En 1924, el 20 de marzo, la población de Fiume quedó sometida al Código civil italiano; en 1929, se extendió la vigencia del mismo a los restantes territorios incorporados después de 1918.

La extensión del derecho de familia italiano a Fiume y a las restantes ciudades y provincias «nuevas», motivó este comentario del magistrado Berutti: «La opinión pública de aquellas civilizadísimas regiones consideró como un grave retroceso el retorno a la indisolubilidad, que se extendía incluso a los matrimonios contraídos antes de la entrada en vigor de la ley italiana. El comportamiento del Estado italiano fue juzgado vejatorio y parangonado al de Fernando IV de Nápoles, después de la restauración. Y se observó que si era comprensible que un monarca despótico y beato como Fernando, vuelto al poder, tras haberlo perdido por culpa de los franceses, se hubiera precipitado a abolir las libres instituciones republicanas, ninguna razón plausible jurídica, histórica o política existía, que pudiera justificar el gesto de un Estado libre que, comportándose como un régimen autoritario y confesional, quitase a los nuevos ciudadanos un derecho que la catolicísima Austria había, sagazmente, reconocido, demostrando que, al menos en esta cuestión, era más progresiva que la liberal Italia.»

En tanto, había ido fraguándose el tan deseado entendimiento con la Iglesia que culminaría con la firma de los Pactos de Letrán, el 11 de febrero de 1929, la tantas veces anunciada conciliación entre la Iglesia y el estado italiano.

* * *

El fascismo que, en un principio, tenía un aire anticlerical e irreverente, se fue haciendo, gracias al pragmatismo mussoliniano, prudente y respetuoso.. En 1926, ya el Duce advertía en un telegrama dirigido al presidente de la Junta Central de Acción Católica, Luigi Colombo: «El Partido Fascista tiene en su programa como postulado fundamental el máximo respeto de la religión católica, la religión fundamental del pueblo italiano.»

Mussolini, que hacia el final de «los alegres años veinte» contaba ya con un prestigio universal *, había avanzado concretas propuestas al Vaticano, para poner fin a la cuestión romana. Richard Collier ha contado como en una de las primeras entrevistas del Duce con el cardenal Gasparri, Secretario de Estado, éste le apuntó las dificultades que encontraría en la Cámara de Diputados para obtener la aprobación de un acuerdo con el Papa, empresa que tampoco contaba con simpatías en el Quirinal. «Si hace falta, dijo Mussolini, disolveré la Cámara». «Pero con la actual ley electoral, objetó el purpurado, renovar el parlamento servirá de poco; volverán los mismos diputados, no cambiará la composición de la asamblea.» Mussolini guardó un breve silencio y resumió: «Entonces cambiaremos la ley electoral.» Eso fue lo que hizo, no tanto para impedir que sus adversarios le impidiesen llegar a un acuerdo con el Vaticano, como para asegurarse una mayoría propicia con el fin de renovar el régimen, y conquistar todo el poder para el Fascismo.

(*) Llovían, entonces, las alabanzas de Mussolini. Mahatma Gandhi había dicho: «Por desgracia, yo no soy un hombre superior como Mussolini.» Thomas Edison: «Mussolini es el más grande genio de la era moderna.» El arzobispo de Canterbury: «Es el único gigante de la Historia.» Winston Churchill, en fin, tras visitarle, en el Palacio Chigi, declaró a la prensa: «Si yo fuese italiano, estaría con vosotros, de todo corazón, junto al Duce, en la lucha victoriosa contra los apetitos bestiales y las pasiones del leninismo.»

* * *

Con los Pactos de Letrán, que resolverán la cuestión romana, y daban al Papa la soberanía real sobre un minúsculo estado —la Ciudad del Vaticano—, se firmó, en la histórica jornada del 11 de febrero de 1929, un Concordato que regulaba las relaciones entre el Estado y la Iglesia. De conformidad con su espíritu y de acuerdo con la ley del 27 de mayo de 1929, que se titulaba: «Disposiciones para la aplicación del Concordato, en la parte relativa al matrimonio», se establecía la validez civil del llamado matrimonio concordatorio, siempre que el párroco, que actuaba como oficial civil, pasara el acta de la boda al Registro. Se justificaba la ley: «Este reconocimiento servirá para conservar al matrimonio toda la importancia de instituto social y político, ya que la familia legal, primera célula de la nación, se beneficiará de todas aquellas formas morales y religiosas, intrínsecas, en la forma y en la sustancia del matrimonio, según el Derecho Canónico.»

El concordato, en su artículo 34, confiaba a los tribunales eclesiásticos las causas matrimoniales relativas a la declaración de nulidad. Quedaban dentro de la jurisdicción civil, en cambio, los pleitos de separación.

Por si acaso, en las «Instrucciones» impartidas por la Santa Sede a los ordinarios, arzobispos y obispos, de toda Italia, el 1 de julio de 1929, se establecía con claridad:

1. Que «los católicos que quieran contraer matrimonio, están obligados gravemente a celebrar sólo el rito religioso, del cual se obtienen los efectos civiles, no existiendo por tanto razón alguna, ni pretexto ni excusa, para omitirlo, teniendo en cuenta las cautelas de que la Iglesia lo ha rodeado para hacerlo en todo idóneo para conseguir su objetivo religioso y social.»

2. Que «si los esposos católicos se atreviesen a contraer matrimonio civil, aunque sea con la intención de celebrar después el religioso, serán tratados como públicos pecadores, y el párroco se atendrá a las normas del canon 1.066.

Los años del esplendor fascista conocen un casi absoluto silencio sobre el tema del divorcio. Aparte de la pura y simple eliminación del cónyuge «molesto», cuando anda por medio una traición, (el divorcio «a la italiana», que permitió a Pietro Germi apuntarse un triunfo en 1960), que supone para el uxoricida, «por honor», una levísima pena, no quedan sino dos expedientes a los matrimonios náufragos: la declaración de nulidad, por los tribunales eclesiástico (con la confirmación suprema de la Sacra Rota) o el divorcio en el extranjero (Hungría, Rumanía...), que, merced a la Convención de La Haya, puede, «en determinados casos» ser homologado en Italia. Es un recurso para gente adinerada, porque exige el preámbulo de un cambio de nacionalidad, nada difícil, por supuesto. Tanto se abusa de este expediente (utilizado años después por la propia Claretta Pettaci, para deshacer su unión) que el Boletín Oficial de la Unión Hombres Católicos, llega a pedir, la denuncia de la Convención de La Haya.

Por estos años, exactamente en 1930, el Papa Pío XI suscribe con el lógico gozo, la encíclica «Casti connubi», que es una apología del matrimonio cristiano. El Pontífice reconoce, con evidente justicia, que el matrimonio-sacramento ha florecido en Italia gracias «al pacífico acuerdo y a la amistosa cooperación entre la jerarquía eclesiástica y la fascista».

* * *

Durante el Fascismo, sobre todo después de la conquista de Abisinia y de la incorporación de Albania (donde abundan los súbditos que no profesan la fe católica), se mantiene una especial tolerancia para el repudio de musulmanes y de los judíos (estos, aún en la misma Italia, aplican sus viejas leyes del divorcio mosaico), y para la ruptura vincular aceptada por la Iglesia ortodoxa griega y por la Iglesia copta, dominantes en algunas islas italianas del Egeo y en los nuevos territorios africanos de Etiopía, respectivamente.

Pero salvo estas excepciones, el divorcio como institución civil hasta 1943 (cuando un golpe de mano del Gran Consejo Fascista, destrona al Duce) tiene en Italia mala prensa. El régimen, por el contrario, apunta hacia la solidez y fecundidad de los matrimonios —ahí están los premios a las familias numerosas; los matrimonios colectivos, contraídos de cara a las cámaras del Noticiaria cinematográfico «Luce»; los pluses familiares, etc.—, y hacia la condena del celibato voluntario. Tanto el divorcio como la soltería —esta sufre un gravamen fiscal, que recae exclusivamente sobre el macho— merecen duras palabras de los jerarcas fascistas y de las autoridades eclesiásticas. «La familia italiana, dice monseñor Faccinetti, en una conferencia cuaresmal, en 1936, es un tabernáculo de virtudes, un santuario de religiosidad, un manantial de patriotismo.»

IX. RESISTENCIA, REPUBLICA Y... DIVORCIO

Tras la segunda guerra mundial, la colosal pirueta de Italia, pasándose, de la noche a la mañana, el 8 de septiembre de 1943 de un bando a otro; el epílogo de la Resistencia, y la liquidación de la monarquía saboyana, con el breve reinado de Umberto II, «el rey de mayo», un referéndum da paso a la República. Se abre un nuevo capítulo histórico, bajo el signo del Partido que en definitiva ha vengado, en nombre de los fieles hijos de la Iglesia, el despojo de 1870. Porque en cierto modo los Saboyas pagan, más que su alianza con el Fascismo, la deuda histórica de haber abatido el poder temporal de los Papas. En el fondo los católicos que votan en mayoría a favor de la República —la Democracia Cristiana ha dejado en libertad a sus afiliados para que decidan en conciencia—, lo hacen por un lejano y vago rencor contra la dinastía «usurpadora». Oficialmente no se dice, claro está; se habla de mayoría de edad, de consciente decisión, de madurez democrática... del pueblo italiano pero, bajo tan pomposas calificaciones, yace el recuerdo de la herida de la Porta Pía.

La República la quiere el pueblo —el referéndum da casi dos millones de votos a su favor—, pero sus destinos quedan en manos de la Democracia Cristiana, que prácticamente se declarará, hasta hoy, única administradora del cotarro. Esto quiere decir que en los primeros tiempos el tema del divorcio queda sepultado en el olvido. ¿Quién se atreverá a promover tal reforma sabiendo que la Democracia Cristiana dirá no?

Sin embargo, cuando en la asamblea constituyente, se intenta imponer la indisolubilidad matrimonial, como condición irrefutable —como perenne advertencia al legislador del futuro—, la Democracia Cristiana es derrotada por un conglomerado laico, manejado por el Partido Comunista. Pero el incidente «técnico» merece más amplia información.

* * *

La guerra y sus consecuencias —la ruptura de la nación en dos bandos; la ausencia de los hombres de sus hogares, por el servicio de las armas o el cautiverio; el hambre, que ha prostituido a tantas jovencitas italianas; el paso de los ejércitos victoriosos * han conmovido, desgraciadamente, el esquema familiar italiano. Entre 1940, el año en que Mussolini engañado por el espejuelo de la rápida y triunfante decisión de la guerra en Europa a favor de Hitler, lanza a sus ejércitos a la contienda, hasta 1947, las demandas de separación se doblan. Pasan de 5.149 (el 11,5 por cada cien mil habitantes) a 10.912 (el 24 por cada cien mil habitantes). Mientras en 1940 se habían dictado 1.964 sentencias de separación, en 1947 se llega a las 7.529. No es necesario explicar este desastre. La vuelta del soldado a casa no siempre supone la reconstrucción de la familia.

La ocupación por las tropa saliadas de algunos territorios italianos (sobre todo en el confín norte-oriental) permite que maduren ciertas iniciativas divorcistas. Así en el llamado Territorio Libre de Trieste (que no llegará a cuajar como entidad nacional autónoma; diez años después de terminada la guerra, Trieste y su provincia serán divididos entre Italia y Yugoslavia), el Gobierno Militar, en manos de ingleses y americanos, encarga a un jurista, el abogado Bruno Latini, de preparar una ley divorcista, para la Venecia Julia. Se trataba de una región donde hasta 1918, había existido el divorcio, como ya se ha dicho, aunque con algunas limitaciones. Con este proyecto se intentaba preparar como una «muestra» que tras el natural rodaje, pudiera extenderse luego a toda Italia.

(*) Doscientos mil niños «sin padre», una cuarta parte de ellos de «color», será el humillante tributo de las mujeres italianas a la derrota.

El 16 de septiembre de 1946, Bruno Latini, presentó al gobierno militar aliado de Trieste su boceto de ley. Se especifica que la disolución del matrimonio debía entenderse como un instituto jurídico excepcional, que tenía como objetivo «restablecer el equilibrio y el buen orden familiar, y la lealtad en las relaciones conyugales». «Este procedimiento legislativo, se afirmaba en la exposición de motivos, sanará todos los males, y eliminará todos los elementos morbosos que hoy enferman y corroen el fundamento de la sociedad conyugal a causa de su indisolubilidad. La recuperación de esta norma, entre poblaciones que ya la tuvieron como ley del Estado conducirá a la serenidad y a la paz, en tantos núcleos familiares probados por el dolor.»

Pero... el proyectado divorcio «triestino» se queda en simple propósito.

* * *

En tanto, en la asamblea constituyente, en abril de 1947, está ya trabajando una subcomisión —formada por diecisiete notables (entre ellos figuran Basso, Dosseti, La Pira, Nilda Jotti, Mancini, Lina Merlin, Moro, Togliatti...)—que prepara los artículos que en el futuro texto constitucional serán como los pilares del nuevo derecho de familia.

En un principio se procura no tocar el tema del divorcio, pero cuando llega el momento de hablar de la familia, la discusión se enreda a propósito de la indisolubilidad matrimonial. El democristiano Corsanego y la diputada comunista Nilda Jotti, antigua militante de las Juventudes Católicas, doctora por la Universidad del Sagrado Corazón de Milán... y «ahora» compañera de Palmiro Togliatti, se enfrentan ásperamente. Porque aunque los comunistas con su «jefe» a la cabeza, consideran que «en las actuales circunstancias» es prematuro plantear la cuestión del divorcio, no quisieran tampoco vincular al legislador del futuro, a un precepto que le ate las manos.

Argumenta Corsanego: «No se puede callar sobre un punto tan fundamental, porque así quedaría abierta la puerta para que el legislador de mañana se pronunciase indiferentemente por la indisolubilidad o por el divorcio.»

Togliatti, por su parte, replicaba: «Comprobado que nadie avanza una propuesta para modificar la vigente legislación en cuanto concierne a la indisolubilidad matrimonial, no creo que se deba tocar este tema en el texto constitucional.»

Sin embargo, la tesis de Togliatti fue rechazada en la subcomisión por siete votos contrarios, seis a favor y dos abstenciones. En su lugar se aprobó —nueve votos a favor, dos contrarios y tres abstenciones—, una fórmula, debida a Giorgio La Pira, que decía: «La ley regula la condición jurídica de los cónyuges, con la finalidad de garantizar la indisolubilidad del matrimonio y la unidad de la familia.» De acuerdo con esta opinión, el artículo 29, propuesto para su aprobación a la asamblea, quedaba redactado así: «La República reconoce los derechos de la familia, como sociedad natural basada en el matrimonio indisoluble.» Y fue esta última indicación —el matrimonio indisoluble—, la chispa que desencadenó la batalla.

Todos los partidos laicos —liberal, socialistas de diversa obediencia, comunista, republicano...— se alinearon en un frente único contra la nota de la indisolubilidad, fijada al matrimonio. En líneas generales se opinaba que no era la Constitución «la sede más apta» para esta afirmación. Debía ser materia del Código Civil.

La Pira, antidivorcista convencido, defendía que el matrimonio, independientemente de su consideración sacramental, es indisoluble por naturaleza. «Sólo la indisolubilidad, fueron sus palabras, garantiza la finalidad del matrimonio.» Carsanego, le apoyaba: «No pedimos que se proclame la indisolubilidad por motivos religiosos, sino por motivos civiles, por un criterio social, porque queremos la indisolubilidad del matrimonio para todos.» Al final prevalecería una enmienda del diputado Grilli que eliminaba el término discutido. Togliatti se batió a fondo, con tenacidad, aunque proclamando de paso que él no creía de actualidad el tema del divorcio. En la asamblea, a la hora de votar, prosperó la enmienda, pero por escaso margen. Por 194 votos contra 191. Era el 23 de abril de 1947. «Civiltá Cattolica» subrayaría días después, curándose en salud: «Tras de la supresión del término *indisoluble* ¿se podría introducir en Italia el divorcio sin violar los Pactos Lateranenses? Muchos lo niegan, y con plena razón. Porque el divorcio es manifiestamente contrario al espíritu, y en cierto sentido, a la letra de los acuerdos solamente admitidos y reconocido en el artículo 7 de la Constitución» *.

De todas formas la presencia de los católicos era tan condicionante en la vida política italiana, en estos primeros años de la República —el hombre— eje de la situación era un creyente de consolidada fe, Alcide De Gasperi—, que resultaba imposible imaginarse una iniciativa divorcista, capaz de prosperar; ni siquiera se llegaría, de plantearse alguna vez, a discutirse en el Parlamento. Tenía sobrada razón el Papa Pío XII, cuando, dirigiéndose a un grupo de juristas reunidos en congreso, en Roma, les decía, en 1949: «Gracias a Dios vuestro deber está aquí, en Italia, notablemente aligerado por el hecho de que el divorcio, causa de tantas interiores angustias, incluso para el Magistrado que ha de aplicar la ley, no tiene derecho de ciudadanía.»

* * *

No obstante, durante la década de los cincuenta se intentó por dos veces introducir en Italia el divorcio, primero con una propuesta firmada por el diputado socialista Luigi Renato Sansone (1954) después con otra que además de ser patrocinada por el mismo, contaba también con el autógrafo de Giuliana Nenni, hija del viejo líder socialista.

La propuesta Sansone, presentada a la Cámara de diputados el 26 de octubre de 1954, admitía los siguientes casos de disolución: condena de un cónyuge a quince o más años de reclusión; uxoricidio intentado, en daño del cónyuge demandante; abandono del hogar por un período no interrumpido de quince años, por lo menos, o separación de hecho, consensual o de derecho, por un tiempo idéntico; enfermedad mental, reconocida como incurable, o internamiento en un hospital psiquiátrico por un período de al menos cinco años, y por divorcio conseguido por el otro cónyuge, en el extranjero.

(*) Togliatti había sido el animador de ese artículo 7, en el que se daba a los Pactos Lateranenses rango constitucional, al incorporarlos a la ley fundamental del Estado. Dice el referido texto: «El Estado y la Iglesia Católica, son, cada uno en el propio orden independiente y soberano. Sus relaciones se regulan por los Pactos Lateranenses. Las modificaciones de estos pactos, aceptadas por ambas partes no requieren el procedimiento fijado por la revisión constitucional.»

Por vez primera se manejó entonces —y el semanario *L'Europeo* se hizo eco de los datos—, una estadística que fijaba en cinco millones el número de italianos fuera de la ley, por matrimonios fallidos o rotos. Un periódico *La Stampa* citaba que sólo en Milán vivían cerca de ochenta mil parejas irregulares.

Los sondeos de opinión, hechos hasta entonces, venían acusando un paulatino aumento de la opinión divorcista. En efecto, en 1948 eran favorables al divorcio el 35 por ciento de los jóvenes entre 18 y 25 años; el 31, de los 26 a los 35 años; el 30, entre los hombres de 36 a 45 años. En 1953, los porcentajes eran del 42, del 41 y del 37 por ciento. Un jesuita, el padre Armando Guidetti, señalaba una verdad incontestable: «Los jóvenes crearán una generación resueltamente favorable al divorcio. La idea divorcista avanza en toda Italia y de modo progresivo no siempre lento.»

La propuesta Sansone-Nenni, que en realidad difería bien poco de la suscrita por el primero, fue presentada el 12 de junio de 1958. Como la precedente ni siquiera se llegó a discutir en la comisión correspondiente: la Comisión de Gracia y Justicia.

X. LORIS FORTUNA

En Italia hay pocas leyes con «apellidos». Por lo general, tienen un título o un número. Sin embargo, existen algunas conocidas, popularmente, por el nombre de sus patrocinadores. Así sucede con la llamada «Ley Scelba», aprobada en 1954, cuando era jefe del gobierno el hoy senador Mario Scelba, con el concreto objetivo de impedir la reconstrucción del disuelto Partido Nacional Fascista. Algo parecido se puede decir de la «Ley Merlin», de 1958, propuesta y defendida tenazmente por la entonces senadora socialista Lina Merlin, dispuesta a poner fin a la prostitución como industria tolerada. Y, en fin, la ley Fortuna-Baslini, protagonista de esta historia, que aunque «nació» como iniciativa exclusiva de Loris Fortuna, tuvo después el añadido de Baslini, porque el diputado liberal de tal apellido propuso un texto análogo, que en la Comisión de Justicia se fundió con la propuesta de aquel otro. Hay quien a la ley del divorcio ha llamado también la ley Fortuna-Baslini-Leone, porque en su «paso» por el Senado, fue el hoy presidente de la República, Giovanni Leone, quien consiguió, en laboriosa y paciente empresa, modificar algunos aspectos de la misma, que mortificaban su espíritu de jurista. Leone, senador vitalicio, quiso mejorar, «en lo posible», el texto aprobado ya en la Cámara de Diputados; lo consiguió en mínima porción.

El profesor napolitano empleó sus vastos conocimientos forenses y su exquisita preparación doctrinal para hacer más difícil el divorcio.

* * *

Loris Fortuna, diputado socialista por la circunscripción de Udine-Gorizia, es un tipo exhuberante, de cabeza aleonada —hoy ya con la melena gris—, voz ronca, de fumador empedernido, sonrisa fácil y palabra caústica.

Nacido en Breno, el 22 de junio de 1924, en el seno de una familia acomodada, se echó al monte, para luchar contra los alemanes, cuando aún no contaba veinte años. Entonces se sentía atraído, un tanto románticamente, por las ideas comunistas. Formaba en el batallón «partisano» Osoppo-Friuli, cuando fue apresado por las SS, en abril de 1944. Condenado a muerte por el Tribunal para la Seguridad Pública de Gorizia, salvó la piel a cambio de una condena de trabajos forzados, que comenzó a cumplir en la prisión de Bernan, en Baviera, porque en aquellos tiempos los ciudadanos de Friuli-Venecia Julia eran considerados súbditos del III Reich. Hitler, después de la «traición» de Italia —el armisticio del 8 de septiembre de 1943— había decidido que los territorios fronterizos de aquella región debían integrarse, de nuevo, como antes de 1918, en la gran patria germana. En total, Fortuna estuvo entre rejas sólo once meses. Las tropas americanas le salvaron, en la primavera de 1945.

Tras la liberación, Loris Fortuna terminó sus estudios de Derecho y participó activamente en la vida política, como miembro del Partido Comunista. Creó en Udine la revista *Política y Cultura* y el círculo «Pietro Calamanedrei». En octubre de 1956, cuando los carros soviéticos arrasaron Budapest, para evitar —como sucedería doce años después en Checoslovaquia— «el socialismo de rostro humano», Fortuna pasó al Partido Socialista, que en abril de 1963 le designó candidato por la circunscripción de Udine-Gorizia. Salió elegido con 7.120 votos preferenciales. En 1968 y en 1972, volvió a Montecitorio con idéntica representación, aunque con bastantes sufragios más.

* * *

Loris Fortuna comenzó a interesarse por el divorcio, por puro azar profesional. Ejercía como abogado, en Udine, y un buen día, pocos meses después de haber sido elegido diputado, cayó por su bufete un obrero friulano para exponerle «su problema». Emigrado temporal, en Suiza, se había casado allí con una joven helvética. Pero el matrimonio entró rápidamente en crisis; a ella no le resultó difícil obtener el divorcio, ante un tribunal local. Cuando el pobre hombre regresó a su patria se encontró en triste situación.

Para la ley italiana aquella esposa suiza seguía siendo la legítima consorte del trabajador friulano, a pesar de haber contraído nuevas nupcias con un connacional. «Usted, le dijo el obrero, debería hacer cualquier cosa por mí. Se trata de una insoportable injusticia.» Loris Fortuna comenzó a pensar —por vez primera— en una ley del divorcio, capaz de poner remedio a estos casos lamentables.

Con el optimismo de un neófito preparó una reforma del Código Civil en la parte que toca al matrimonio y sus discordias, y mandó el borrador de su proyecto a un amigo, el Fiscal general de Turin, Mario Berutti, solicitando su parecer técnico. Algunos meses después, quizá alentado por la respuesta recibida, redactó un boceto de ley del divorcio, que puso en manos de su Partido. Corría el mes de mayo de 1965. El «proyecto», acogido con frialdad fue «condenado» al olvido.

«No echo la culpa a nadie, ha referido Fortuna. Por entonces estaba aún reciente el ingreso de los socalistas en el gobierno, y el tema del divorcio podía hacer naufragar la todavía endeble colaboración entre mi partido y la Democracia Cristiana. Alguno debió pensar que mi propuesta no era sino una prueba de la obstinación típica del friulano».

«Sin embargo, a finales de septiembre de aquel mismo año, se produjo la inesperada y sorprendente intervención del obispo católico-oriental Zoghby, en el Concilio Vaticano II, sobre el entonces espinoso tema. El prelado sacó a relucir en el aula conciliar como la Iglesia ortodoxa griega, separada de Roma, otorgaba al cónyuge inocente abandonado la posibilidad de pasar a nuevas nupcias. Era, en cierto modo, un divorcio restringido, pero, al fin y al cabo, se trataba de una ruptura vincular, con todos los sacramentos. Pensé que si en el Concilio el tema había dejado de ser tabú (aunque al obispo inoportuno habían replicado duramente varios colegas) no había razón para que entre nosotros se hablase del divorcio en voz baja. Me decidí entonces a plantear la cuestión abiertamente, dentro del Partido. Llamé a Mauro Ferri, que era el jefe del grupo parlamentario socialista, y en el curso de un almuerzo informal le planteé la cuestión. Le dije que si manteníamos el silencio, por pura táctica política, cualquiera podría acusarnos de ser más cobardes que los propios padres conciliares. Ferri, tras una breve reflexión, me dio la razón; me autorizó a presentar la propuesta de ley al Parlamento, pero a título personal, sin mezclar al Partido».

En un principio los propios dirigentes socialistas no dieron demasiada importancia al empeño. Fortuna era un abogado provinciano, que «no había aprendido aún el oficio». «Precisamente por no tomarme en serio, ha dicho alguna vez el diputado friulano, puede moverme con más libertad».

Los periódicos izquierdistas, por su parte, prestaron poca atención a la propuesta de Loris Fortuna; en los ambientes comunistas quizá recordando el cauto comportamiento de Togliatti, en la Asamblea Constituyente, cuando salió a relucir la palabra divorcio, se despachó el tema con breves e inocuos comentarios. Pero un semanario picante, plagado de desnudeces e historias escandalosas, «ABC», dirigido por un socialista, brindó sus páginas a Loris Fortuna. No era la tribuna más apta para exponer con seriedad el problema, pero su tirada aseguraba difusión a cuanto aquel dijese.

«Yo creo, explicaba Fortuna, en una entrevista publicada en el semanario, que esta reforma que propongo no ataca ni ofende a la conciencia de los católicos, que pueden continuar libremente, si se acogen al matrimonio concordatorio o religioso, utilizando el expediente de la separación o los procedimientos judiciales previstos en el Código Canónico, para hacer valer las razones de una nulidad. Hace falta dejar bien claro que nuestra batalla no debe ser una batalla anticatólica».

«ABC», sin embargo, no ahorró, en defensa del divorcio los argumentos anticlericales «al uso» no siempre de buen gusto. Y lanzó, con gruesa artillería tipográfica, apremiantes llamamientos a los lectores divorcistas, para que de alguna manera expresaran su solidaridad a Loris Fortuna. En menos de un año recibió más de cien mil cartas y sesenta mil boletines (publicados precisamente en las páginas de «ABC») con anticipados votos a favor del divorcio.

El texto inicial de la propuesta de Loris Fortuna —que dicho sea de paso tiene una situación familiar normalísima: está casado y tiene dos hijos— establecía ya los cinco casos «límites» de divorcio: la condena de uno de los cónyuges por una acción criminal (se incluía el tentativo

Loris Fortuna con su esposa, en una recepción celebrada en los jardines del Palacio del Quirinal. El «padre» del divorcio a la italiana tiene una situación familiar normal.

de uxorcidio y el intento de prostituir a la mujer o a las hijas); la absolución en idénticas circunstancias, justificada por la enfermedad mental del marido o de la mujer; el abandono del hogar de manera ininterrumpida durante cinco años al menos, o la separación por análogo plazo; y en fin el divorcio obtenido fuera de Italia.

En favor de la iniciativa de Loris Fortuna comenzaron a moverse grupos y entidades laicas, al margen de los partidos políticos tradicionales, que seguían sin creer en las posibilidades del divorcio en Italia. El más firme y eficaz apoyo se lo ofreció al diputado socialista el minúsculo Partido Radical, sin representación parlamentaria, pero de una agresividad impertinente y tesonera.

En el seno del mismo surgió la idea de dar vida a una Liga italiana del divorcio, concebida como movimiento de opinión, al estilo anglosajón, que aún contando con reducidos medios materiales, consiguió amplio eco en los grandes órganos de opinión.

Por esa fecha, —debió ser la primavera de 1966— Loris Fortuna, acompañado del estado mayor de la Liga, el abogado Mauro Nellini el radical Marco Pannella... acudió a la Asociación de la Prensa Extranjera de Roma, para presentar ante los corresponsales su propuesta. Se le hicieron numerosas preguntas. A un colega que adelantaba sus temores de que el divorcio, a la postre, arruinaba la familia, le respondió: «¿...y qué familia quiere usted que se destruya, cuando el marido ha preparado la menestra con arsénico, ha querido prostituir a una hija o se ha marchado a trabajar a Alemania y lleva cuatro o cinco años sin dar señales de vida?».

Por aquellas fechas también la Liga promovió en Roma, en el Teatro Eliseo, una reunión divorcista, donde junto a Loris Fortuna, participaron otros políticos de diversas disciplinas: comunistas, liberales, republicanos. Comenzaba a delinearse un frente laico, favorable a la ruptura vincular.

Una escritora especializada en encuestas sociales Gabriella Parca, autora del libro «Los sultanes» (un acabado estudio del comportamiento sentimental y erótico del «macho» italiano) aseguraba a esas alturas que a través de sus indagaciones «de mercado» los italianos divorcistas eran más de diez millones. «Según una averiguación llevada a cabo por mí, afirmaba entre hombres de edad comprendida entre los 20 y los 50 años, el porcentaje en favor del divorcio es superior al registrado en los sondeos

Doxa realizados hasta ahora. En efecto de cada tres consultados, dos se declararon a favor de la institución» «Generalmente, añadía, quien se muestra contrario al divorcio se deja llevar por el miedo: miedo a la posible destrucción de la familia; miedo a que se pase de una mujer a otra, sin el debido discernimiento; miedo al abandono de los hijos. Se teme, en definitiva que la ley del divorcio sea un incentivo a divorciarse, a romper el matrimonio, sobre todo teniendo en cuenta el particular carácter de los italianos, que, según tales opiniones, se comportan con ligereza o son excesivamente inestables en sus decisiones».

ITALY VOTE-
IN FAVOR OF
DIVORCE LAW
THE DENVER POST

El tema del divorcio... «a la italiana» fue objeto de irónicos comentarios fuera de Italia. El caricaturista del «Denver Post», vio así la figura del divorcista italiano, rodeado, en su casa, de «votos» contrarios a la reforma.

Una nota de humor sobre el divorcio, aparecida en el semanario «L'Espresso», de Roma. Un diputado se alza y dice: «Propongo que la ley del divorcio sea aprobada, en primer lugar, por la Sacra Rota...»

XI. EL DIVORCIO EN EL CONCILIO

A finales de septiembre de 1965, el tema del divorcio había revuelto las aguas del Concilio Vaticano II, con ocasión de la discusión de un documento breve inserto en el esquema XIII, —dedicado, como es sabido, a las relaciones entre la Iglesia y el Mundo—, documento relativo al sacramento del matrimonio. El texto había sido «trabajado» con largueza por la comisión correspondiente, presidida por el cardenal Aloisi-Masella. En un principio, en la tercera sesión del concilio, el documento era largo; luego tras una recomendación de la comisión de Coordinación, se había reducido a cinco capítulos, distribuidos en veinte páginas. Todavía pareció que era demasiado extenso y fue así como se preparó un simple «voto» de dos páginas. Se discutió brevemente los días 19 y 20 de noviembre de 1964, en vísperas de la salida de Pablo VI para Bombay. La asamblea conciliar decidió poner en manos del Santo Padre la decisión. El texto en realidad no satisfizo a nadie: ni a los tradicionalistas ni a los innovadores.

Cuando llegó la hora de su discusión, ya en la última sesión conciliar, fue el cardenal Ruffini, arzobispo de Palermo quien el 29 de septiembre de 1965 se alzó en el aula de San Pedro para subrayar, como se esperaba, la doctrina tradicional de la iglesia. Marcó la supremacía de los fines primarios del matrimonio (la procreación y educación de la prole) sobre los secundarios (el mutuo auxilio de los cónyuges y el remedio de la concupiscencia). Ruffini criticó el breve documento porque acentuaba el valor de los fines secundarios, hasta hacerlos aparecer como irrenunciables incluso si, para conseguirlos, fuese necesario evitar la procreación. «El texto, explicó, condena el aborto y el infanticidio, pero no dice nada sobre el divorcio, que en muchas naciones constituye la ruina completa del matrimonio, y pasa en silencio el multiforme vicio del onanismo. El esquema, por tanto, debe ser modificado, retocado; de lo contrario es de temer que abra el camino a muchas intemperancias de la lujuria. Del mismo, por ejemplo, no se deduce la verdad de que todo acto encaminado a privar artificiosamente el amor conyugal de su finalidad procreadora es deshonesto y contra natura. Existe una castidad matrimonial y el texto debería ponerla en evidencia».

Respondió al cardenal Ruffini, otro insigne purpurado canadiense, el cardenal Leger, arzobispo de Montreal, uno de los más fervorosos campeones de la innovación conciliar. Leger había afirmado ya, con anterioridad, que «ha prevalecido, de cara al amor humano, una postura pesimista y negativa, que no puede ser atribuida a la Escritura, sino a ciertas filosofías de los tiempos pasados, y que ha terminado por velar la importancia y la legitimidad del amor conyugal, en el matrimonio», que «el deber de la fecundidad se refiere más al propio estado matrimonial que al acto singular», y que «el amor conyugal es bueno y santo por sí mismo: la relación entre los cónyuges no será jamás suficientemente comprendida, hasta que no se afirme claramente que el amor es el fin del matrimonio.» Por su parte, el Primado de Bélgica, cardenal Suenens, lo había apoyado diciendo que «hace falta examinar si hemos mantenido o no en perfecto equilibrio todos los diversos aspectos de la enseñanza de la Iglesia sobre el matrimonio. Porque puede darse que hayamos subrayado tanto las palabras de la Sagrada Escritura, ese mandato de *¡creced y multiplicaos!* que quizá hayamos dejado en la sombra otras palabras divinas; aquellas de *serán dos en una sola carne*».

Escuetamente en las palabras de Ruffini y en las de Leger y Suenens se podían adivinar ya los contrastes de la Iglesia ante el tema de la familia cristiana, en los tiempos modernos. Leger, en la referida jornada del 29 de septiembre de 1965, consolidó sus anteriores afirmaciones. «Para la persona humana, dijo, el matrimonio es sobre todo una comunidad de vida y de amor; sugerir que es un simple medio ordenado a la procreación y que no tiene sentido si no en relación con la misma, es falso y envilece la dignidad del amor humano».

Fue entonces —en este momento del debate—, cuando se levantó de su escaño un prelado oriental, el arzobispo titular de Nubia. Elia Zoghby, vicario general para Egipto del patriarca melquita de Antioquía. En su discurso, sin animo de escandalizar a la asamblea conciliar, dijo esto, como haciendo una divagación sobre el tema de la limitación de la natalidad que se estaba tratando: «Todavía es más angustioso el problema del cónyuge inocente que, en la flor de la edad, se encuentra completamente solo, por culpa del otro. Permanecer solo y conservar la castidad para toda la vida, es una solución que supone una heroica virtud y una fe poco común. Con frecuencia ese cónyuge acaba por dar vida a una nueva unión no legítima, fuera de la Iglesia, aunque retorciendo su conciencia. Cabría decir que esas almas angustiadas preguntan al Concilio si la Iglesia tiene el derecho de responderles: *¡arreglaos como podáis, porque yo no tengo solución para vosotros!* O si, por el contrario, puede señalarles una solución excepcional. La iglesia ha recibido de Cristo la autoridad para ofrecer a todos sus hijos los medios de salud proporcionados a sus fuerzas. Las Iglesias orientales (ortodoxas) han tenido siempre la conciencia de poseer esa autoridad ,y la han ejercido desde los primeros siglos en favor del cónyuge inocente. El vínculo matrimonial ciertamente aparece indisoluble en la ley positiva de Cristo, como indica el Evangelio de Mateo (5.32; 19,9) *menos en el caso de adulterio.* Toca a la Iglesia interpretar esta frase. Mientras la Iglesia de Roma siempre lo hizo restrictivamente, la Iglesia Oriental lo interpretó a favor de las nuevas nupcias del inocente. Es verdad que el Concilio de Trento, en su veinticuatro sesión, convalidó la interpretación romana restrictiva, pero es sabido que tal confirmación fue formulada de tal modo que no excluía la tradición oriental, que sigue un camino contrario al de la Iglesia romana. Tal comportamiento fue debido a los teólogos venecianos que estaban en contacto y al corriente de las tradiciones griegas, que a su vez se basan en las afirmaciones de los padres griegos y de algunos latinos como San Agustín. Sabemos que los padres de la Iglesia Oriental, trataban de disuadir a los viudos, para que no contrajesen nuevo matrimonio, en obsequio al consejo del apóstol, pero jamás han querido negar al cónyuge inocente e injustamente abandonado el derecho a casarse de nuevo. Esta tradición que en Oriente ha sido conservada y que en diez siglos de unidad con Roma, jamás fue rechazada, hoy podría ser aceptada por los católicos. El desarrollo de los estudios de los tratadistas de la Patristica, ha traído a la luz la doctrina de los padres orientales, los cuales no eran exégetas menos intrépidos, ni moralistas menos autorizados que los padres occidentales. La solicitud pastoral hacia los cónyuges en una situación de relaciones difíciles se ha manifestado por otra parte en los canonistas occidentales, pero en forma bien diversa. En efecto, ellos se han esforzado para encontrar, a través de una casuística sutil, parecida a una acrobacia, argumentos que hiciesen posible la anulación del contrato matrimonial. Sin duda lo han hecho por una mayor solicitud pastoral, pero a veces tal cosa causa grave daño a las almas. Puede ocurrir, por ejemplo, que después de diez o de veinte años de matrimonio, se descubra, de repente, un impedimento hasta entonces ignorado o insospechado de afinidad, que permite que todo, como por encanto, pueda ser declarado nulo. Los juristas encuentran esto de lo más normal, pero nosotros pastores de almas, nos damos cuenta de que para los fieles es causa de maravilla y de escándalo. La tradición de los padres orientales no es quizá más apta para servir o ayudar la misericordia divina, que no este titubeo a propósito de eventuales impedimentos. Es obvio que no se puede proceder con ligereza. Errores son siempre posibles. Pero un error por parte de la autoridad no anula la autoridad. En esta época de ecumenismo y de diálogo, la Iglesia Católica podría reconocer la antiquísima tradición de la Iglesia Oriental y los teólogos podrían empeñarse en estudiar este problema; con el fin de encontrar una solución a los problemas de los cónyuges inocentes abandonados definitivamente por la otra parte, para poder así preservarles del peligro que amenaza seriamente sus almas».

Al día siguiente de tal declaración del arzobispo Zoghbi, que he querido reproducir casi íntegra, porque es punto obligado de referencia, cada vez que se trata de atenuar la rigurosa doctrina católica sobre la posible disolución de un matrimonio, en atención al poder vicario que la Iglesia ostenta, poder dado también por Cristo —«lo que desatárais en la tierra, desatado será en el cielo»—, replicó en el aula conciliar de San Pedro, el cardenal Journet, un teólogo suizo, contrario a la tesis del prelado melquita. «La doctrina católica sobre la indisolubilidad, es la doctrina del mismo Jesucristo, dijo, una doctrina que ha sido revelada y que ha sido siempre conservada y proclamada por la Iglesia. En Marcos (10, 2) leemos: Dijo Jesús a los fariseos que le planteaban: *¿Está permitido a un hombre repudiar a su mujer?*, respondió: *Lo que Dios ha unido, el hombre no lo puede dividir.* El apóstol Pablo —argumento del purpurado helvético— enseña la misma cosa, no a título personal, sino en nombre del Señor (Epístola a los Corintios. 7.10-11). «A los esposos mando, o mejor dicho no yo, sino el Señor: la mujer no debe separarse del marido; si se separa, que no se case de nuevo, o bien se reúna con aquél. Tampoco el marido debe repudiar a la esposa.» De tan claro testimonio, advertía el cardenal Journet, se deduce que no hay diferencia con el Evangelio de Mateo donde se lee: «Quién repudia a la mujer —salvo en caso de adulterio—, y se casa con otra comete adulterio.» Esta reserva puede ser citada para probar que es legítimo el repudio, como dice San Pablo, en caso de adulterio, pero no para probar que se consientan nuevas nupcias. Efectivamente, reconoció el ilustre teólogo suizo, algunas iglesias orientales han venido permitiendo el divorcio en caso de adulterio, autorizando, de paso, al cónyuge inocente a casarse por segunda vez. Pero esto sucedía en razón a las relaciones vigentes entre la Iglesia y el Estado, bajo el influjo de la ley civil, que en semejantes casos reconocía la legitimidad del divorcio y de nuevas bodas. En efecto el llamado «Nomocahohe», de la legislación de Justiniano —donde se enumeraban varios motivos de divorcio—, fue aceptado por la ley eclesiástica. Para justificarlo, siempre según el parecer de Journet, la Iglesia Oriental citaba la «reserva» de Mateo sobre el divorcio en caso de adulterio. Está claro que al admitir, dicha Iglesia, otras causas, aparte del caso concreto indicado por el Evangelista, hay que pensar que ha seguido un modo de pensar humano más bien que evangélico.

El cardenal suizo resumió: «Cualesquiera que sean las costumbres de esta Iglesia Oriental, la Católica se atuvo siempre a la doctrina genuina del Evangelio sobre la indisolubilidad del matrimonio sacramental. En fin, la Iglesia no tiene derecho a cambiar el mandamiento divino. La Iglesia, que no puede hacer otra cosa que obedecer el mandamiento de Cristo, siente, sin embargo, gran solicitud por las condiciones infelices del cónyuge abandonado e inocente, a causa de la infidelidad del otro. La Iglesia sabe muy bien que el cónyuge fiel, en tal caso, ha de aceptar el mandato de Dios; su llamada para una vida heroica. Posiblemente su vida carecerá de sentido a los ojos humanos, pero no a los ojos de Dios».

A la concreta alusión de «la influencia de la legislación civil» en el derecho eclesiástico oriental —una especie de ósmosis, explicable en aquellos momentos—, respondió humildemente el arzobispo Zoghbi. Negó, por supuesto que la Iglesia Oriental, cediese, en este particular, a influencias políticas. «Afirmando lo contrario, añadió, se olvida cuanto la Iglesia universal debe a su ciencia y a su santidad. La legislación de Justiniano, promulgada hacia la mitad del siglo VI, aceptando la doctrina oriental del matrimonio, no podía influir en modo alguno sobre Orígenes, sobre Basilio, sobre Juan Crisóstomo, etc., que vivieron algunos siglos antes de aquella legislación. Las Iglesias orientales admitían esta interpretación a favor del cónyuge inocente desde antes de su separación de Roma. Durante los largos siglos de unión, la Iglesia de Roma no condenó jamás tal doctrina ni los concilios ecuménicos, presididos por representantes del Obispo de Roma, y en los que ambas iglesias, la de Roma y la de Bizancio, estaban representadas, desaprobaron tal práctica. Y ésta es la mejor prueba de que la Iglesia de Roma no puso jamás en duda la legitimidad en la discutida materia, de la Iglesia de Oriente.»

Después de recordar una palabras del patriarca melquita, Maximos IV —«por sus orígenes, las iglesias orientales, están más cerca de los apóstoles que la de Roma y su interpretación de las Escrituras podrían concordar mejor con las intenciones apostólicas, expresadas en los libros sagrados»—, volvió a referirse al concilio de Trento, sosteniendo que allí se atacó la afirmación de que la Iglesia romana erraba al considerar un matrimonio indisoluble, aún en caso de adulterio. Tal aseveración provenía de los protestantes y fue «eso» lo único que el concilio condenó. Las iglesias orientales, argumentó Zoghbi, que en caso de adulterio admite la posibilidad de nuevas nupcias jamás dijo que la Iglesia de Roma esté en un error sobre este punto, por tanto la condena de Trento no iba dirigida contra la Iglesia Oriental. Trento, en definitiva, intencionadamente, no quiso dar un juicio sobre tal uso oriental. No quiso ni aprobar ni desaprobar. Dejó la cuestión abierta.

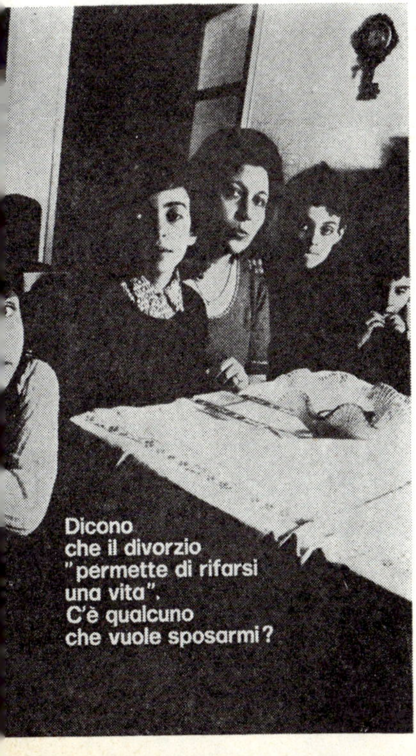

**Il divorzio
è contro la donna
e i figli**

(da una lettera firmata del 12-2-1974 inviata al CNRD)

«... Sono una buona madre, che ha allevato
con sacrifici ma con gioia 4 figli.
Sono stata una moglie onesta e fedele.
Con tutto questo mio marito mi ha tradita
- ci ha abbandonati. Ha ottenuto il divorzio
e ci passa 30 mila lire al mese.
Ho perduto le assistenze, la mutua,
e il diritto alla pensione.
Ho perduto perfino il nome con il quale
tutti mi hanno conosciuta per 14 anni!
Ora i miei figli hanno un nome diverso
dal mio, come se non fossero miei!
Pensate che io voterò a favore del divorzio?»

Il divorzio è una legge cattiva,
colpisce i deboli e gli innocenti!

«Las madres y el divorcio», un folleto distribuido profusamente por el Comité Pro-referéndum,, contrario al divorcio.

En realidad, según la exégesis más autorizada sobre esta cuestión, Trento mantenía la indisolubilidad intrínseca del matrimonio (los cónyuges no pueden por sí disolverlo), pero no la extrínseca en cuanto que la Iglesia, con su poder vicario, puede romperla en determinados casos: tal ocurre en el llamado matrimonio rato y no consumado (verdadero sacramento) y en el matrimonio disuelto por el llamado privilegio paulino (en defensa de la fe del cónyuge convertido a la fe católica).

Zoghbi, que naturalmente, no presentaba el divorcio como «la única solución» en caso de adulterio, insistió en su carácter de instrumento excepcional, cuando fuera imposible otro camino —como la reconciliación, por ejemplo—, y dejando bien claro que el vínculo matrimonial fue, en el propósito inicial de Dios (y en la confirmación del mismo por Cristo) indisoluble.

Pero como el propio arzobispo melquita dijo, un concilio no tiene «necesariamente» que repetir la doctrina corriente —según el propio Juan XXIII, en el discurso inaugural del Vaticano II—, porque ya es suficientemente conocida, sino dar una respuesta a las preguntas nuevas que surjen de situaciones distintas. «En el aula conciliar se ha dicho repetidamente que no se trata de abolir la ley de Dios, sino de indagar si verdad, son todas leyes de Dios aquellas propuestas por la Iglesia, o algunas son solamente leyes humanas.»

* * *

La intervención de monseñor Zoghbi causó el natural estupor; para serenar el ambiente, y tal vez requerido por la superioridad, intervino el propio patriarca de los melquitas Maximos IV Saigh, del que Zoghbi era vicario en Egipto. Dijo que el arzobispo había intervenido a título personal, y señaló que dentro de la Iglesia oriental, la «generosidad» para el cónyuge inocente se basaba en textos «de ciertos padres», que habían sido discutidos por otros. No existía, según el patriarca, una doctrina bastante sólida y universal como para inducir a la iglesia occidental a cambiar de opinión. No obstante, para él la cuestión, no estaba definida, pero, en cualquier caso, deseaba evitar una discusión pública que diese lugar a confusiones entre los fieles.

* * *

En este capítulo, un tanto ajeno a la polémica y a la historia del divorcio «a la italiana» propiamente dicho, merece la pena incluir el parecer de un observador ortodoxo, presente en el concilio, opinión recogida en la «Encuesta IDOC» sobre «El Divorcio.» *

«La Iglesia ortodoxa afirmó siempre y claramente, la santidad y la indisolubilidad del matrimonio sacramental. ¿Debemos ir todavía más allá y decir que su teología y su tradición litúrgica son al menos tan conscientes como la teología del Occidente? Para ésta el matrimonio es esencialmente un misterio, un signo de la nueva reconciliación escatológica de la entera creación en el Verbo encarnado. Una reconciliación basada sobre la ligazón indisoluble entre Cristo y su Iglesia, pero manifestada y efectuada personalmente por los esposos que se presentan delante del altar.»

«Quienes han asistido —continua el testimonio del observador ortodoxo— a un matrimonio en nuestra Iglesia habrán notado la particular solemnidad de la coronación de los esposos. Tal particular es el signo que demuestra la dignidad *real* de la persona: del hombre y de la mujer. Por el pecado original tal dignidad se perdió, pero a través de Cristo, por medio de Cristo, fue restablecida. En la celebración del matrimonio la Iglesia ortodoxa pone, en efecto, el acento sobre la recepción de la gracia de Cristo por parte de los esposos, mientras en la Iglesia católica el consentimiento expresado por los cónyuges constituye el elemento preponderante: se trata de un elemento característico del Derecho romano y de los usos germánicos del Medioevo, y de por sí no es, ciertamente, un mal.»

Cuando la Iglesia ortodoxa admite, en la práctica, nuevas nupcias del cónyuge inocente y abandonado, no contradice la santidad y la indisolubilidad del matrimonio ni tal admisión es un reflejo o consecuencia de la legislación civil. Si la Iglesia ortodoxa actúa así es por solicitud pastoral, y en nombre de un sentido evangélico de la realidad, sacado de una concreta interpretación de los textos de Mateo. En casos muy particulares la Iglesia permite un segundo y hasta un tercer matrimonio, porque se preocupa de dar a la parte inocente la garantía de una situación clara. Este expediente se integra en lo que se llama

(*) «Sul Divorzio. Inchiesta IDOC». I Dossier del nostro tempo. Arnoldo Mondadori. Editore. 1970.

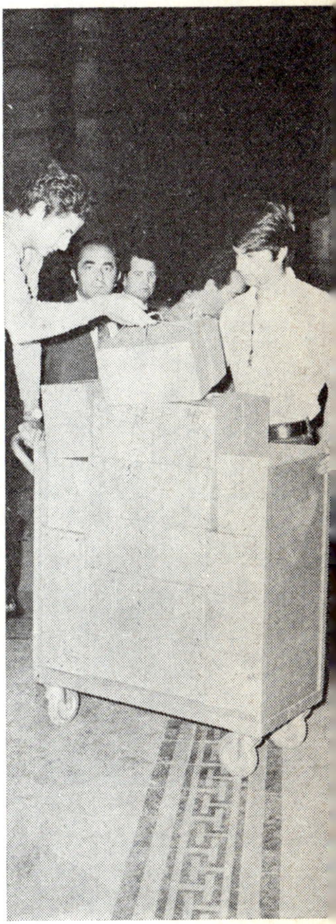

Los camiones con las cajas que contienen los pliegos firmados por un millón trescientos mil italianos, solicitando el referéndum contra el divorcio, ante el Palacio de Justicia de Roma.

La entrega de las cajas con las firmas pro-referéndum, en el Palacio de Justicia, de Roma. Las cajas con los pliegos de firmas pro-referéndum, se confían a la custodia del

Tribunal Supremo, al que compete la comprobación de su autenticidad.

en Oriente *resolver según la economía;* en la mentalidad occidental tal cosa correspondería más o menos al concepto de dispensa o de indulgencia. Tal generosidad de la *economía* no contrasta con el principio fundamental de la indisolubilidad del matrimonio; es simplemente la expresión de una solicitud pastoral. Hay que añadir que la ceremonia de una segunda boda o de una tercera, se simplifica notablemente. Y esto tiene particular importancia. Bastará precisar que hasta hace poco estas nuevas nupcias, suponían para el cónyuge *divorciado* la sanción de un temporal alejamiento de la eucaristía. Más recientemente la Iglesia ortodoxa ha llegado a admitir el pase a nuevas nupcias incluso del esposo culpable. Pero esto se estima como una *degeneración,* ciertamente lamentable, que debilita en la conciencia de los fieles el eco del mandamiento divino.

* * *

Contra lo que pudiera pensarse, la ruptura vincular en la Iglesia ortodoxa no se produce única y exclusivamente por el adulterio de uno de los cónyuges; hay otras causas, que configuran el divorcio (porque de divorcio se trata) en dos grandes categorías, que con expresión latina podrían titularse divorcio *cum damno* y divorcio *bona gratia.* En el primer caso la sentencia de ruptura se basa en la culpa de una de ambas partes; en el segundo no existe culpa en ninguno de las dos.

Está claro que el adulterio entra en el capítulo primero. Y además, las perversiones sexuales, los atentados al honor conyugal, la vida escandalosa, la incitación a la mujer a la inmoralidad, la acusación calumniosa de adulterio, el intento de uxoricidio, el aborto por odio al marido, el abandono intencionado del hogar. Las causas de divorcio *bona gratia* son: la impotencia física (se exigen tres años, antes de que se puede instar el divorcio), la profesión monástica, se haya o no consumado el matrimonio: elevación al Episcopado del sacerdote esposado.

* * *

En un artículo titulado «El divorcio en la teología y en el derecho canónico de la Iglesia ortodoxa», el obispo Pietro de Chersoneso, ha recordado que la tradición eclesiástica de los primeros siglos ponía el acento sobre dos puntos conexos: 1) la singularidad del auténtico matrimonio cristiano, 2) la permanencia de la comunidad conyugal. En la Epístola a los de Efeso, se aprecia el carácter sacro, que según el apóstol, tiene el sacramento, carácter que deriva de la analogía entre la unión de Cristo con su Iglesia y la del marido con la mujer. Tal similitud constituye propiamente el *mysterion,* implica la unidad real y constante de la pareja, excluye radicalmente la poligamia y postula como ideal un sólo matrimonio. No está de más recordar, a este propósito, que en la narración bíblica de la Creación la monogamia se propone como norma fundamental. Así se dice en el Génesis: «Y serán los dos una sola carne.» De ahí que Jesús se refiera a estas palabras para rechazar la usanza judaica del repudio, que se basaba en la legislación mosaica del Deuteronomio. En este texto se pretendía preservar la honorabilidad del matrimonio. De cualquicr manera Jesús, rehúsa expresamente tomar posición entre los secuaces de sectas rivales, y prefiere recordar el principio inicial propuesto por el Creador: «... en el principio no fue así» (Mateo: 19.2; Marcos, 10.6). ¿Pero... Jesús —se pregunta el obispo ortodoxo cuya opinión resumimos—, ha querido, realmente, afirmar la indisolubilidad del matrimonio?

Según el espíritu de la ortodoxia, la unidad de la pareja no puede ser mantenida exclusivamente por la fuerza del contrato jurídico; la unidad formal debe corresponder a una armonía interna. Este es, en general, el sentido de la plegaria del oficio de la coronación nupcial. Por tanto es importante, ante todo, en una sana pastoral del matrimonio que se subrayan las razones profundas que están en la base de la exigencia neotestamentaria de perenidad, es decir, la dignidad espiritual y la santidad de la unión conyugal. Es evidente que la pastoral ha de tener en cuenta los factores sociológicos. Pero ¿en nuestra época juegan estos factores, exclusivamente en sentido negativo en la estabilidad del matrimonio? No piensan así en la Iglesia ortodoxa. Pero de todas formas, la idea del divorcio se ha ido abriendo camino y es aceptada por la inmensa mayoría de los estados modernos.

* * *

Para cerrar este capítulo no estará de más, añadir que en la Constitución sobre la Iglesia en el mundo contemporáneo, el Concilio Vaticano II, subrayó en dos ocasiones la indisolubilidad del matrimonio. En el párrafo 48, se lee: «Precisamente, por ser un don recíproco de dos personas, esta unión íntima, sobre todo por el bien de los hijos, exige fidelidad completa y urge su unión indisoluble.» Y en el 49 añade: «Confirmado de la palabra recíproca de fidelidad y, sobre todo del sacramento de Cristo, este amor es, en el comportamiento externo y en el íntimo del alma, en la gloria y en el dolor, una fidelidad imprescindible: no admite, por tanto, ni el adulterio ni el divorcio.» Hay quien puntualiza que la palabra «urge» debilita un tanto la nota de indisolubilidad, porque originariamente estaba escrito «exige». Al utilizar esta terminología, según algunos comentaristas, se traslucía la preocupación de no decir una palabra definitiva sobre los matrimonios no sacramentales, es decir, entre dos no bautizados, cuya indisolubilidad es harto discutible. Con la misma intención en el párrafo 49 se dice «sobre todo del sacramento...» De la doctrina oriental, ya explicada, el Concilio nada dijo. No se pronunció ni a favor ni en contra.

XII. EL DIVORCIO A LA VISTA

No deja de ser significativo que Loris Fortuna presentase su propuesta de ley a la Cámara de Diputados, el 1 de octubre de 1965, cuando estaba aún caliente la disputa conciliar sobre el divorcio, tema que, como él mismo explicaba, había dejado de ser tabú. El momento era propicio y el diputado friulano lo aprovechó. Sin embargo, durante algunos meses parecía perdida su iniciativa. El texto de su propuesta dormía el sueño de los justos en los archivos de la Comisión de Justicia, a pesar de ser un correligionario, el también socialista Zappa, el presidente de la misma.

Loris Fortuna había presentado su propuesta, como es costumbre, acompañándola de una larga relación, donde se hacía historia de los diversos intentos divorcistas registrados en Italia a lo largo de un siglo, se presentaba la legislación matrimonial presente, como ineficaz y se justificaba la reforma. Concretamente decía que era evidente la urgencia de añadir a la única causa de disolución matrimonial prevista en el Código Civil, en el artículo 149 —la muerte de uno de los cónyuges—, el divorcio, por las siguientes consideraciones:

1. Por el desarrollo político y social de la sociedad italiana.
2. Por un sentido de justicia de cara a «los matrimonios fallidos».
3. Para equiparar el sistema jurídico italiano al de los restantes estados europeos, que, dentro de unos límites más o menos amplios, admiten el divorcio.

4. Por intereses de orden público.
5. Para tutelar y defender mejor la libertad de conciencia de los ciudadanos.
6. Para tutelar y defender la libertad y la soberanía del Estado republicano italiano.

«El problema, decía Fortuna, se presenta, además, con mayor evidencia y vigor si se considera la frecuencia de los matrimonios celebrados entre italianos y ciudadanos de los países incluidos en el ámbito de la Comunidad Económica Europea y aún fuera del mismo, en razón a las relaciones cada vez más intensas entre los pueblos. Se observa a este respecto que el estado actual italiano, mientras no configura la directa sentencia del divorcio en aplicación a la ley extranjera que lo admite, prevee en cambio el reconocimiento de la misma. Sin embargo, para la Magistratura italiana, increíblemente subordinada a la observancia del precepto católico de la indisolubilidad (según se aprecia en la constante jurisprudencia del Tribunal Supremo) asume decisiva importancia, a los fines del reconocimiento, el motivo.» Deducía Fortuna que podía darse el caso de un matrimonio contraído entre un italiano y una extranjera —que de acuerdo con la ley local adquiría la nacionalidad del esposo, aunque conservara la propia—, que tenía la doble condición de indisoluble para el hombre y disoluble para la mujer. Por el contrario la italiana que se casase con un extranjero, al perder su propia nacionalidad podía contraer matrimonio disoluble, contrario a la legislación de su patria de origen. Todo esto, naturalmente, entrañaba los inevitables conflictos de orden jurídico privado, que con su propuesta podían evitarse.

* * *

Factor decisivo en la laboriosa gestación de la ley Fortuna-Baslini (que al principio no se titulaba así) fue según dije, la creación de la Liga Italiana del Divorcio, la LID, nacida en enero de 1966, al calor del Partido Radical, aunque sus fundadores proclamasen la independencia de la misma de cualquier propósito concreto político.

Mauro Mellini, uno de sus exponentes, ya había dicho en el acto celebrado en el Eliseo de Roma, el 12 de diciembre de 1965: «Una acción divorcista autónoma, vivaz, organizada, políticamente bien orientada, dirigida a ser como la levadura de la masa, canalizadora de energía, coordinadora de esfuerzos, estimulante... es hoy no sólo posible, sino también eficaz y necesaria.»

En la documentación aportada por Loris Fortuna, cuando presentó su primera propuesta de Ley del Divorcio, en 1965, se decía también: «Entre separaciones legales, de hecho y consensuales, y entre nacimientos de hijos ilegítimos y naturales, se calcula que el número de los italianos que viven fuera de la ley no sea inferior a los cinco millones. Cinco millones sobre cincuenta millones de habitantes constituye el 10 por 100 de los italianos, por tanto, viven en la infelicidad o en la tristeza de no poder modificar tal infelicidad. Este es el drama consecuencia de la actual legislación.» Sin embargo, en un artículo publicado en *Corriere della Sera* por Enrico Altavilla, el 9 de mayo de 1972, se decía: «Ha resultado bien vaga la cifra que elevaba a cinco millones el número de los *fuera-de-la-ley* matrimoniales. ¿Dónde se han escondido? Desde diciembre de 1970 a hoy se han concedido unos treinta mil divorcios y los procesos en curso son aproximadamente unos sesenta mil divorcios. Hay que tener en cuenta que en ese número se comprenden millares de parejas separadas de muchos años, por tanto, divorcios *atrasados*. Calculando que por cada pareja existan dos hijos adulterinos que legitimar, e incluyendo en el cálculo también al hombre o a la mujer con quien convivía, antes del divorcio, uno de los dos cónyuges, se puede decir que eran unos 450.000 los situados al margen de la ley, que han podido entrar en la legalidad. Es, por tanto, difícil de creer, que fueran cinco millones los foragidos.»

Con esto de los *fuera-de-la-ley* matrimoniales sucede como con el número de las mujeres italianas, que, según los partidarios de la legalización del aborto, mueren cada año, víctimas de manipulaciones realizadas no siempre adecuadamente, para interrumpir una maternidad no deseada. Se ha dicho que son unas veinte mil. La verdad, sin embargo, es que las mujeres, de edad entre 15 y 45 años —es decir, en edad de concebir—, que mueren en Italia, «de todas las enfermedades» conocidas o por conocer, son, en total, 11.500. De ellas un centenar, aproximadamente, mueren a causa de prácticas abortivas.

La LID, en efecto, galvanizó a los partidarios de la reforma. Multiplicó sus centros de agitación «en toda Italia», apoyándose en periódicos de vasta circulación y en una publicación propia más modesta *Batalla divorcista*, que se encargó de recoger encuestas y opiniones favorables al divorcio.

* * *

Antes de que la Comisión de Justicia se decida a discutir la propuesta Fortuna se registra la intervención de su patrocinador, ante el pleno de la Cámara. El 1 de abril de 1966, Loris Fortuna pronuncia un discurso en favor de su iniciativa, donde ya acepta que serán enormes las dificultades que le saldrán al paso. Entre cosas dice: «Es ridícula la objección que algunos, si bien tímidamente, avanzan, sobre el peligro del divorcio, como una invitación a la descomposición de la familia. Esto significa cambiar el efecto por la causa, poner antes lo que viene después, culpar a la medicina de la enfermedad. Ya hoy, sin ninguna invitación de este género, millares de matrimonios naufragan, cada año, en Italia. Entre separaciones consensuales, por culpa de uno o de ambos cónyuges, o de hecho, se calcula que se producen del uno al uno y medio por mil de la población italiana.» (Es decir, de cincuenta mil a sesenta mil separaciones, aunque la Justicia sólo registra una media de nueve mil a diez mil rupturas matrimoniales; porque sólo uno de cada cinco matrimonios a la deriva acude ante el Magistrado para dirimir su discordia.)

Según Fortuna aún contando con esa «máxima» cifra, de los cincuenta mil a sesenta mil matrimonios más o menos deteriorados, Italia está a nivel europeo, en lo que a desastres matrimoniales se refiere. «Es justo, dice, tutelar la familia, salvaguardando el matrimonio, pero una vez que éste se rompe es también justo no cubrirse los ojos para no ver la gravedad de la situación que tales rupturas crean, negándose a contemplar los hechos tal y como se manifiestan en la vida social).

* * *

Una cuestión previa, planteada por la Democracia Cristiana, que desde el primer momento se opone al divorcio lleva a la Comisión de Asuntos Constitucionales de la Cámara a dictaminar sobre la adecuación de la propuesta Fortuna a la Constitución. Refiriéndose la ley propuesta tanto a los matrimonios contraídos por rito civil como a aquellos otros llamados «concordatarios», contraídos ante un ministro de la Iglesia, podría considerarse «tocado» el artículo 7 del texto constitucional que integra los Pactos Lateranenses y el Concordato con la Santa Sede. El 19 de enero de 1967, la referida Comisión declara: «la propuesta no contrasta con ninguna norma de nuestro ordenamiento constitucional». Ante tal declaración, el Papa Pablo VI interviene por vez primera en la polémica, declarando su sorpresa y mortificación. Las palabras del Santo Padre se dirigen a los miembros de la Sagrada Rota; pero resuenan en toda Italia, como una advertencia a los católicos. A renglón seguido, dentro de la Democracia Cristiana comienza a manejarse el argumento del referéndum abrogativo. Si la Constitución lo admite, ¿por qué no varar una ley que reglamente tal institución de forma que el pueblo pueda decir la última palabra sobre el tan delicado argumento del divorcio? En principio, los divorcistas, como demócratas, nada pueden oponer, aunque en el fondo sienten como un escalofrío. (En una conferencia de prensa, celebrada por Loris Fortuna, éste no oculta sus temores. «La Iglesia podrá manipular a los católicos, sobre todo a los más pusilánimes, a aquellos que por vivir alejados del mundanal ruido, no puede formarse una opinión sobre la cuestión». «Pero ¿qué ocurre —le ataja un periodista— cuando quien manipula a ese infeliz indeciso, es el Partido Comunista?»)

* * *

Poco a poco se va caldeando la cuestión del divorcio. Los liberales se empeñan, en una reunión de su consejo nacional, en 1967, en apoyar la reforma, aunque pretenden algunos retoques. (Luego en 1968 presentarían, incluso, una propuesta propia, suscrita por Antonio Baslini, que acabaría por fundirse a la de Fortuna.) Algo análogo hacen los comunistas, que en principio, juzgaban el divorcio como una iniciativa pequeño-burguesa que no interesa directamente, a la clase trabajadora. En realidad los comunistas temen la ruptura en los de su electorado; no quieren un contraste radical con el mundo católico, al que cuidan como «las niñas de sus ojos».

Al fin, entre noviembre de 1967 y enero de 1968, la Comisión de Justicia discute algunos artículos de la propuesta Fortuna. Se aprueba, en principio, que el divorcio podrá aplicarse incluso a los matrimonios contraídos ante un ministro de la Iglesia, pero... de ahí no se pasa. Se acerca el término fatal de la IV Legislatura de la República y nadie se hace demasiadas ilusiones. Aunque la Cámara llegase a discutir y a aprobar la propuesta Fortuna ya no daría tiempo a que el Senado se ocupase de ella. Y en el nuevo parlamento, que se eligirá en junio, habrá que empezar de nuevo.

De ahí que en una reunión de la LID, celebrada al comienzo de diciembre de 1967, se decida que en la próxima campaña electoral los candidatos divorcistas se empeñen abiertamente en presentar la propuesta Fortuna, el primer día de trabajo de la nueva Legislatura.

Sin embargo, en la campaña electoral de aquella primavera de 1968, apenas si se toca el tema. A pesar de que el 31 de marzo, en otra reunión celebrada en el teatro Eliseo de Roma, representantes de casi todos los partidos laicos han proclamado el divorcio, como objetivo común. De acuerdo con las indicaciones de la LID, el 5 de junio de 1968, setenta parlamentarios de diversas procedencias presentan al Parlamento recién elegido, la propuesta Fortuna. Es la número uno de la quinta Legislatura de la República.

XIII. EL TRIUNFO DEL DIVORCIO

El 7 de octubre de 1968, una iniciativa liberal está a punto de complicar el camino parlamentario de la propuesta Fortuna. Se trata de presentar como una candidatura del Partido a la partenidad del divorcio. Firma el texto Antonio Baslini, co-presidente de la Liga Italiana del Divorcio. Ante tal novedad —el divorcio liberal es más restrictivo que el de Fortuna—, Marco Pannella, secretario de la LID anuncia la dimisión. Por un momento se teme que la discordia en el frente laico retrase la discusión. Sin embargo, en abril de 1969, se unifican las dos propuestas, de forma que a partir de entonces ya se habla de una ley Fortuna-Baslini.

Por esos días se manejan algunas tablas de sondeos debidas al Instituto Doca, que ciertamente parecen dar la razón a los antidivorcistas. Resulta que en las encuestas celebradas por dicha institución desde 1947 a 1968, no se aprecia entre los consultados una mayoría divorcista. El resumen de los sondeos dicen, tomando como base 100:

	1947	1953	1955	1959	1962	1965	1966	1967	1968
Ciertamente a favor	16	21	20	17	13	13	20	19	20
Probablemente a favor	12	14	14	14	9	11	10	11	11
Problablemente en contra	15	14	15	20	11	16	11	14	13
Ciertamente en contra	53	42	41	41	58	55	45	48	49
Sin opinión	4	9	10	8	9	5	14	8	7

Después vendrán otras indagaciones, precisando los motivos del divorcio y se verá como la gente reacciona de distinto modo según le haga la pregunta de forma vaga —«¿Es usted o no partidario del divorcio?»—, o se desciende al detalle —«¿Cree que después de una separación de cinco años, se debe conceder el divorcio?»—, a los casos específicos señalados en la propuesta Fortuna-Baslini.

* * *

En abril de 1969, la Comisión de Justicia de la Cámara aprueba por larga mayoría la propuesta divorcista; ahora el texto habrá de pasar a la discusión de la asamblea plenaria de los diputados. Parece que Fortuna y Baslini van a alcanzar la anhelada meta, cuando, de pronto, en los primeros días de julio, una crisis imprevista hace caer al gobierno de centro-izquierda de Mariano Rumor. Se ha producido una ruptura dentro del Partido Socialista, y ha reaparecido en el mapa político de Italia, de nuevo, un «tronco» social-democrático, que, de momento, se titula Partido Socialista Unido. El viejo Pietro Nenni, que presidía el partido «único» dimite. «Fui el presidente de la unificación, dice, y no quiero serlo de la desunión socialista.» En el discurso programático del nuevo gabinete Rumor (un gabinete monocolor democristiano) no hay alusión alguna al tema. Es natural.

Sin embargo, en noviembre la inercia parlamentaria impone la discusión de la propuesta en el aula de Montecitorio. Para forzar la mano de la presidencia de la Cámara, ocupada por el socialista Sandro Pertini, Marco Pannella y algunos otros dirigentes de la LID inician a las puertas del Parlamento una huelga de hambre. «¡Basta con las discusiones, se lee en una pancarta! ¡Votad por el divorcio!»

Al fin, en la última semana de noviembre, tras varias sesiones-río la propuesta queda lista para su votación final. De nada ha servido la oposición de democristianos, «misinos» y monárquicos. A las diez y media de la noche del sábado 29 de noviembre de 1969, Pertini comunica los resultados de la votación final:

«Presentes y votantes: 608. Mayoría requerida: 305. Favorables: 325. Contrarios: 283. La Cámara aprueba.» (Considerando las ausencias el frente antidivorcista debería haber sumado 288 votos; como los contrarios fueron

E I 7
QUESTA FAMIGLIA
VA A ROTOLI!!
LO DICE ANCHE
SAN TOMMASO!

Una manifestación contra Fanfani, considerado por los divorcistas como el campeón de la campaña contra la ley Fortuna-Baslini. (Del semanario «Epoca»)

Sí
Sí

Pancartas a favor del SI, durante el mitin celebrado en Piazza del Popolo de Roma por Amintore Fanfani, secretario de la Democracia Cristiana.

Noi tutti siamo per il NO.
D'amore e d'accordo.

Ora c'è il referendum: bene, noi voteremo "NO" all'abolizione del divorzio proprio perché pensiamo che la legge è giusta e necessaria, soprattutto perché sappiamo che, secondo la legge, il divorzio viene concesso in pochi e gravi casi come la condanna all'ergastolo, i delitti contro la famiglia, il matrimonio non consumato, per divorzio ottenuto all'estero da uno dei coniugi, e quando la separazione legale supera i 5 anni.

La legge italiana sul divorzio è giusta. Difendila!

NO all'abolizione del divorzio

PARTITO SOCIALISTA ITALIANO
PSI

«Nosotros todos... estamos por el NO». Un anuncio de pago publicado por el Partido Socialista en una revista italiana de gran difusión.

sólo 283 fácil de comprobar que hubo cinco desertores, ocultos bajo la máscara del voto secreto).

A la salida de Montecitorio, Loris Fortuna es paseado a hombros de la multitud, como un torero. Ante las cámaras de varias redes extranjeras de televisión, el diputado forma con los dedos anular y corazón, la señal de «victoria», la «V» que Churchill hizo famosa en los años difíciles de la segunda guerra mundial.

El cardenal-vicario de Roma, Angelo dell'Acqua, ha ordenado, en vísperas de la aprobación de la ley, una plegaria colectiva en todas las iglesias de su archidiócesis, para que «Italia sea preservada de la plaga del divorcio.» (De «plaga» han calificado también los documentos conciliares la ruptura vincular.)

Durante algunas horas, para mayor dolor del cardenal-vicario, por las calles de Roma resuenan los gritos de «Parlamento, sí, Vaticano, no.»

Ahora, la discusión de la propuesta Fortuna-Baslini, pasará al Senado.

* * *

En la alta Cámara la mayoría divorcista es mínima. Tan mínima que la Democracia Cristiana espera que en el Palacio Madama, naufrague inexorablemente la ley. Por si acaso, se hacen, bajo cuerda, gestiones para convencer a algunos senadores liberales a votar contra la misma. Se prometen cargos y prebendas, para favorecer la «evasión».

En efecto, cuando en el Senado, como primera prueba la ley es sometida a un voto «conjunto» pasa por sólo dos votos de diferencia: 155 contra 153. Y eso teniendo en cuenta que el presidente del Senado, el democristiano Fanfani, en mérito a su cargo, se abstiene de votar.

En tanto se han alzado contra la ley Fortuna-Baslini las primeras críticas. Se achaca a la misma su automaticismo, ya que el vínculo se puede deshacer por el simple transcurso del tiempo sin dar al Magistrado la posibilidad de juzgar si la responsabilidad de la ruptura corresponde a uno u otro cónyuge. Se premia, se dice, al culpable. «Estamos frente a la legitimidad del repudio», escribe el diario católico *L'Avvenire,* el 2 de diciembre de 1969. «Detrás de una cortina de casos graves y raros, afirma un tratadista, Ligi, sustancialmente se propone el divorcio automático. Es lo que los ingleses llaman la patente de

Casanova. El divorcio automático es aún peor que el divorcio consensual, y representa, en la práctica, el fin del matrimonio, como institución. El matrimonio será, a partir de ahora un contrato típicamente temporal, que puede disolverse por la voluntad de una sola de las partes, más frágil que el contrato de trabajo, cuya solución requiere al menos justa causa.»

* * *

Asimismo, se agita de nuevo, la cuestión de la inconstitucionalidad de la ley; así lo mantiene el XX Congreso de Juristas Católicos, en diciembre de 1969, con argumentos de exquisita claridad jurídica.

Por si acaso, la Democracia Cristiana se mueve intentando que la discusión no comience, en serio, en el Senado, hasta que esté lista la ley del referéndum. Al comienzo de 1970 hay ya como un tácito acuerdo entre los dos bandos —divorcistas y antidivorcistas—, para echarla por delante antes de que los senadores se ocupen de la Ley del Divorcio. Por estas fechas, también, se filtra la noticia de la «nota» vaticana al gobierno sobre «los contrastes entre el divorcio y el concordato». No obstante, tras la aprobación de la ley del referéndum (votada en mayo de 1970), se abre el paso a nivel senatorial, para discutir la Ley Fortuna-Baslini.

Hay, sin embargo, mucho miedo. Se anuncian actitudes ultranzistas de oposición, por parte de algunos senadores democristianos y «misinos» cuando Giovanni Leone, ilustre profesor napolitano, senador vitalicio (que un año después dará el salto al Quirinal) propone una serie de enmiendas «para mejorar la ley». Se trata, en definitiva, de hacer más difícil el divorcio. A duras penas los divorcistas soportan esa ducha fría y la ley queda enmendada en algunos puntos adjetivos. Por ejemplo, se admite como una sanción al culpable de la ruptura matrimonial, ya que en caso de oposición de la parte inocente, se exigirá un plazo de «distancia», superior: seis o siete años, según se trate de separación consensual o de hecho, o bien pronunciada «por culpa exclusiva del actor».

El 9 de octubre de 1970 la alta Cámara aprueba la Ley.

* * *

Las modificaciones introducidas por el Senado exigen nueva discusión y aprobación de la Ley por parte de la Cámara de Diputados.

Esta vez se procede con rapidez. Se dice sí a todo, y en la noche del 30 de noviembre al 1.º de diciembre, con lleno hasta la bandera, en el Palacio de Montecitorio, se vota a lo largo de otra sesión-río. Primero el articulado, después el texto total. Cinco diputados, según cuentan las crónicas, han de ser atendidos en la enfermería de la Cámara, víctimas de pasajeros soponcios. En líneas generales, el frente divorcista se compone de 330 sufragios: 166 comunistas, 61 socialistas, 31 liberales, 29 socialdemócratas, 23 socialproletarios, 9 republicanos, 6 independientes de izquierdas y 5 de *Il Manifesto,* es decir, comunistas heterodoxos. La suma de los contrarios a la reforma da 299 votos: 265 democristianos, 24 del Movimiento Social Italiano, 6 monárquicos, 3 subtiroleses y un independiente del Valle de Aosta. Sin embargo, no siempre se reflejan estas constantes matemáticas. Porque la diferencia a favor de la Ley, de 31 papeletas, se convierte en 44 cuando se trata de votar el artículo 1.º en 66 cuando se aprueba el 2.ºen 50 cuando se presenta el 3.º... En cualquier caso la posición del gobierno, que preside el democristiano Emilio Colombo, porque, como explica el ministro de Gracia y Justicia, «estando formado por partidos con puntos de vista distintos sobre la cuestión, no puede asumir una posición unitaria». Hasta ahora, en la larga historia del divorcio moderno, jamás se dio un caso de la introducción de esta reforma, con un gobierno de mayoría católica.

La prensa llamada independiente, los grandes órganos de información —*Corriere della Sera,* de Milán, *La Stampa,* de Turín, *Il Messagero,* de Roma...— acogieron con júbilo la aprobación definitiva de la ley del divorcio *,

(*) En muchos casos el comportamiento de «la gran prensa» en favor del divorcio no se justificaba por puros ideales, sino por intereses humanos, en cierto modo comprensibles. Así *Il Messagero,* en su batalla pro-divorcista, no hacía sino contribuir a confirmar la ruptura vincular del director del periódico, Alessandro Perrone, que no tenía maldita la gana de seguir unido a cierta dama francesa de alta alcurnia y no muy correcta conducta. Casi lo mismo podría decirse de la actitud divorcista de *La Stampa.* El diario de Turín, que al día siguiente del referéndum se vanagloriaba de que la ciudad figurase entre «las más divorcista de Italia» (en buena parte colaboró la actitud ambigua de su prelado, el cardenal Pellegrino) había defendido los intereses de la mientras en las calles de Roma se vivía aquel 1 de diciembre de 1970 una jornada de manifestaciones ruidosas. Caía una llovizna casi imperceptible, pero a los divorcistas de la Liga, que festejaban su triunfo, les importaba poco.

* * *

Muchos de ellos habían pasado la noche en vela, ante el Parlamento o en la plaza del Pantheon, en torno al camión de la Liga Italiana del Divorcio, donde dormitaba Marco Pannella. Al amanecer había estallado, como una traca, la alegría contenida. Los guardias, que esperaban en las aceras, con las bombas lacrimógenas a punto; no tuvieron que intervenir. Uno de los muchos carteles paseados decía: «Argentina Marchesi ha vencido; Pablo VI ha perdido». La tal Argentina era una vieja militante comunista que llevaba cincuenta y cuatro años viviendo irregularmente con su compañero.

El Papa, a esas horas se hallaba ya en el Extremo Oriente, empeñado en el más largo y fatigoso itinerario de su pontificado. El intento de un pintor boliviano medio loco, que quiso apuñalarle, en el aeropuerto de Manila, había robado al divorcio, en los periódicos italianos, los honores tipográficos de la primera página.

---

familia Agnelli, donde los divorcios se dan como hongos. Aparte de Clara Agnelli, esposa, un día, del príncipe Furstenberg (hoy en trámite de divorcio, sin que se sepa bien si va a casarse o no con «su» divertido conde Nuvoloni) de la ley Fortuna-Baslini se valieron Umberto Agnelli, administrador general de la Fiat, que pudo liquidar su matrimonio con la hija del «Rey de las Vespas» (le llamaban «el matrimonio de las seis ruedas»), para casarse con una Caracciolo, prima de la princesa del mismo apellido, esposa del presidente de la Fiat, Gianni Agnelli, y Sussana Agnelli, casada con el conde Urbano Rattazzi, y hoy divorciada del mismo. Sussana, que según la revista *Panorama* es una formidable nadadora, toma el sol desnuda y lee, preferentemente a García Márquez y a Proust, fue designada al comienzo del verano alcalde de Monte-Argentario, una ciudad-playa de lo más *chic* del Tirreno .

XIV. GUERRA AL DIVORCIO

Apenas apareció en *La Gaceta,* la ley del divorcio —la ley número 898— el Comité Nacional Pro-referéndum contra el divorcio lanzó, públicamente, sus primeras andanadas contra la innovación.

Yo asistí, como tantos otros corresponsales de prensa, acreditados en Roma, a la apertura oficial de la campaña antidivorcista. Se celebró en los salones de un hotel, el «Leonardo Da Vinci» a dos pasos del Palacio de Justicia. Era una mañana del mes de enero de 1971. Quiero recordar que, en total, nos reunimos casi un centenar de periodistas entre italianos y extranjeros. Ante tan nutrida y expectante asamblea, el profesor Gabrio Lombardi planteó su iniciativa.

* * *

Lombardi, napolitano, aunque de familia piamontesa, es profesor de Historia del Derecho Romano, en la Universidad estatal de Milán. Tiene en su haber no sólo obras históricas y jurídicas, sobre la concreta temática de su cátedra, sino también libros políticos y de recuerdos. Porque en 1943, cuando tenía veinte años, ya anduvo en peligrosas aventuras «partisanas», jugándose la piel contra las tropas alemanas que ocupaban la península itálica. En octubre de aquel histórico año, Lombardini había cruzado, a pie, por los Abruzzos, la frontera de guerra, para unirse al reconstituido ejército italiano, que intentaba, a duras penas, hacer efectivo el difícil armisticio del 8 de septiembre. Tiene, por tanto, sus cartas en regla, de cara a «La Resistencia», algo que tiene peso —y tanto— en Italia.

Como memoria de aquellos años irreparables escribió hasta cuatro volúmenes: «Italia» (1945), «Il Corpo Italiano di Liberazione» (1945), «Montezemolo e il fronte militare clandestino di Roma» (1947) y «L'8 di settembre fuori d'Italia» (1966).

Director durante seis años de la revista *Concienza,* se ha ocupado largamente de los problemas de la familia y de su ordenamiento jurídico. En fin, sobre «el apasionante problema» ha publicado en 1970 un libro titulado «Divorzio, referéndum, concordato».

Lombardi, que es hombre de temple, bien acostumbrado al discurso público —a pesar de su origen meridional, su italiano se identifica con el Norte, es un italiano con la erre «moscia», con la erre blanda— expuso su pensamiento con elocuencia y diafanidad.

«Estamos persuadidos dijo, de una cosa: la mayoría de los italianos considera la indisolubilidad como un valor fundamental del matrimonio. Algo consustancial con su propia naturalzea. Nuestro propósito es que, de acuerdo con la ley del referéndum, con la constitución, en definitiva, todos los ciudadanos puedan, con voto personal y directo permanezca en el ordenamiento jurídico o sea abrogado.»

Una importante cuestión, que Lombardi aclaró desde el primer momento, es que la batalla iniciada, debería desarrollarse al margen de la Iglesia, como un problema que afectaba «a toda la sociedad». «Eso de la guerra de religión, explicó, es un invento de los divorcistas que temen que el referéndum descubra una mayoría contraria en el país. No es nuestro propósito, por tanto, abrir una discusión religiosa porque el problema no se plantea de cara a la indisolubilidad del matrimonio canónico —del sacramento— sino exclusivamente en lo que se refiere a la indisolubilidad del matrimonio civil, reconocido en nuestro ordenamiento. Por otra parte, son los divorcistas quienes han cargado la mano presentando su campaña con aristas antirreligiosas o anticatólicas. No tenemos más remedio que lamentar esta desviación. Haremos cuanto sea posible por mantener el problema en los términos de una discusión exclusivamente laica y civil.»

A Lombardi no se le escapaba ya que había muchos católicos (e incluso muchos sacerdotes) favorables a la introducción del divorcio, pero creía que también había una importante porción de italianos «religiosamente no practicantes» que consideraban ruinosa para la sociedad italiana, la introducción del mismo. «No olvidemos, afirba, que la oposición al divorcio es una vieja batalla, que dura desde la unidad de Italia; la ruptura vincular ha sido rechazada por gobiernos y parlamentos donde los católicos no estaban representados; que estaban constituidos por anticlericales.» Recordaba el profesor, por ejemplo, como Pisanelli, al presentar el proyecto del primer libro del Código Civil, al senado italiano, en 1863, subrayaba que «el divorcio no debe acogerse porque engendra *una perenne y amarga sospecha,* y éste sería el peor de sus males, en la familia».

El profesor Lombardi aseguraba que el divorcio «cambiaba» el modelo de sociedad italiana, introduciendo, con la posibilidad de la disolución del matrimonio, una mentalidad nueva que no dejaría de tener sus trágicas consecuencias en el país. Advertía que no cabía plantearse la solución llamada del doble régimen, porque pudiera llegarse, un día, a la denuncia del concordato retornando al sistema anterior a la Conciliación, cuando cada pareja celebraba, si su fe cristiana se lo imponía, dos matrimonios: uno civil y otro religioso. En ese caso, prevalecería, como única unión «válida», el matrimonio civil. Y pensando en tal posibilidad debía impedirse que prosperase el divorcio. «Además, añadía, si existiera en Italia un matrimonio civil *disoluble* y un matrimonio canónico o concordatorio *indisoluble* podría obligarse a quienes no siendo católicos querían contraer nupcias estables y permanentes a traicionar su propia conciencia, aceptando un sacramento en el que no creían, para poder ser marido y mujer *para toda la vida.* Sería una superchería... aparte de ir contra el principio de la Constitución que establece la igualdad de todos los ciudadanos ante la ley, sin distinción de raza, ideas políticas o religiosas.»

* * *

Recuerdo que aquella mañana, Lombardi hubo de responder a muchas preguntas. Una de ellas se refería al carácter permisivo de la ley del divorcio. A nadie se imponía la obligación de divorciarse. ¿No era inicuo que una mayoría antidivorcista negase a la minoría, favorable a la ruptura vincular, tal posibilidad? «La pregunta, respondió el profesor, está fundada en el equívoco de considerar que la introducción de tal instituto tiene consecuencia sólo y exclusivamente frente a los propios protagonistas del divorcio. Para nosotros, sin embargo, la gravedad de su introducción está en que el divorcio modifica el modelo de familia que se ofrece a las futuras generaciones, en el momento de afrontar la decisión matrimonial. Con el divorcio por delante, quienes se preparan para el matrimonio sabrán que se trata de un empeño que sobre el plano jurídico tendrá carácter provisional, porque podrá resolverse, siempre, por la simple fantasía de una de las partes. La relación matrimonial podrá, quizá, continuar toda la vida, pero será una continuación de hecho, porque el Estado se habrá negado a ratificar en términos jurídicos la definitividad de aquella. Se podría hablar de una intolerable imposición de la mayoría, sobre la minoría, si se tratase de un derecho de libertad. Pero el divorcio no es tal, y, por tanto, puede aplicarse al principio como un derecho de libertad; en ninguna declaración de los derechos del hombre se califica así. Y tan cierta es esta premisa, que cualquier país divorcista, es sustancialmente antidivorcista, en cuanto configura determinados casos, más o menos generosamente, concediendo en unos sí y en otros no la sentencia desvinculatoria. Así queda bien claro que el divorcio no es un derecho de libertad. La mayoría, por tanto, tiene derecho a prevalecer; la minoría ha de adecuarse a la voluntad de aquella. Yo siempre he dicho que la libertad en esta materia se defiende no casándose, cuando uno no se sienta capaz de asumir un empeño definitivo.»

* * *

Con Gabrio Lombardi estaban aquella mañana otros miembros del Comité Nacional Pro-referéndum. Recuerdo el breve y delicado discurso de otro profesor, Enrico Medi, director del Instituto Nacional de Geofísica, de profundas convicciones católicas y uno de los hombres de ciencia más honestos que han circulado por Italia, en los últimos veinte años. Medi se refirió, con palabras emocionadas, a las mutuas promesas que los cónyuges se intercambiaban, a la hora del matrimonio, en un empeño «para el bien y para el mal».

Luego habló la ex-senadora socialista Lina Merlin, que al poner su firma en el «Mensaje» para promover el

20 anni fa, il nostro matrimonio ha avuto una crisi.

Insieme l'abbiamo superata e oggi siamo felici.

E se avessimo divorziato?...

Se avessimo divorziato
oggi non saremmo certo,
nè l'uno nè l'altra, felici come siamo.
Ci vuole una buona dose di pazienza e di amore
per superare le crisi.
E ci vuole soprattutto coraggio.

Noi ne sappiamo qualcosa!
Il divorzio non risolve niente.
Il divorzio è egoismo.

**E soprattutto, secondo noi,
il divorzio è mancanza di coraggio.**

a cura della DC

**rispondi Sì
per annullare
la legge-divorzio**

La Democracia Cristiana, difundió esta publicidad, a favor de la derogación de la ley del Divorcio.

NON È IL DIVORZIO CHE
DISTRUGGE LE FAMIGLIE
NO
ALL'EMIGRAZIONE
NO
ALLA DISOCCUPAZIONE
NO
ALL'ABOLIZIONE DEL DIVORZIO
PARTITO SOCIALISTA ITALIANO

"il divorzio
è innaturale
e dannoso"
(Palmiro Togliatti)
Contro la
legge borghese
e antipopolare
del divorzio
vota
SI

VORZIO = PROSTITU

la famiglia
deve vincere!
(Gustavo Thoeni)
come Thoeni
anche tu vota
SI
contro il divorzio
per salvare
la famiglia

Otro cartel del Comité Pro-referéndum: recordaba como Togliatti había dicho «El divorcio es contrario a la naturaleza y dañoso». (Este cartel suscitó entre los seguidores del PCI la lógica mortificación. Dijeron que Togliatti se refería a un momento «determinado», en los difíciles años de la postguerra).

El Partido Socialista lanzó este cartel, donde se culpaba de la ruptura familiar a la emigración y al paro.

«La familia debe vencer». Afirmaba este cartel, distribuido por el Comité Nacional Pro-referéndum, con el campeón mundial de esquí, Gustavo Thoeni, una figura muy popular entre la juventud.

Un letrero en las calles de Roma: «Divorcio igual a prostitución».

referéndum, e integrarse como vicepresidente en el Comité promotor, daba a la empresa presidida por Gabrio Lombardi una pluralidad política significativa. En el combate no se empeñaban sólo los católicos, sino también exponentes del mundo no creyente *.

Lina Merlin que había conseguido, en 1958, con la ley que pasó a la historia con su nombre, poner fin a la industria de la prostitución, al menos como empresa tolerada y fiscalizada por la autoridad —aunque según algunos el remedio haya sido peor que la enfermedad—, quiso justificar en el frente antidivorcista, como una simple consecuencia de su siempre mantenida preocupación en favor de la liberación de la mujer. «Estoy contra el divorcio, explicó, porque el divorcio, como la prostitución, como la guerra, es sobre todo violencia, violencia del hombre sobre la mujer, violencia de los pocos sobre los muchos, violencia de los privilegiados contra los desheredados, violencia contra la sociedad, contra la familia, contra la nación.»

(*) El *Mensaje,* firmado el mismo día 1 de diciembre de 1970, decía, entre otras cosas: «Los italianos sienten como valor fundamental la familia; saben que en la base de la misma no puede existir más que un matrimonio indisoluble fundado sobre el amor y sobre una consciente asunción de responsabilidad definitiva, de frente al otro cónyuge y a los hijos.»

«Reconocemos —decía— que existen casos en los cuales el amor se extinguió y el sentido de la responsabilidad no se ha mantenido. Pero consideramos que querer resolver estos casos introduciendo en Italia el divorcio, con la ley aprobada por el Parlamento, significaría aumentar al infinito las situaciones delicadas y dolorosas que hoy lamentamos.»

«Los institutos jurídicos no deben mirar al pasado para remediar o sanar situaciones fallidas; están destinados al futuro. La institución del divorcio no sirve solamente para resolver los casos dolorosos actualmente existentes, que se han venido acumulando desde hace tantos años, sino que se proyecta sobre el porvenir introduciendo una mentalidad divorcista. Todos los países en los cuales existe el divorcio quisieran detener el *crescendo* pavoroso de los fracasos matrimoniales, pero nada pueden hacer porque el divorcio crea divorcio.»

El *Mensaje* terminaba invitando a los italianos a estampar su firma en las listas que se anunciaban, recordando el precepto constitucional de «La soberanía pertenece al pueblo, que la ejercita en las formas y los límites de la Constitución.»

Entre los firmantes de este singular llamamiento figuraban aparte Gabrio Lombardi, Enrico Medi y Lina Merlin, escritores, artistas, hombres de ciencias... como Carlo Bozzi, Sergio Cotta, Augusto del Noce, Marcello Rodinó, Bernardo Merlo, Filippo Gallo, Serio Galeotti, Felice Battaglia, Ignacio Scotto y Giorgio La Pira.

Y la ex senadora socialista —que tenía en su haber una larga militancia en el Partido, con persecuciones y destierros en los años del fascismo— se encendía en nobles impulsos, mientras le brillaban los ojos, negros como el carbón. Vestía aquel día, Lina Merlin, un conjunto modesto, con unas pieles al cuello. Llevaba un velito breve a la cabeza. Menuda y habladora, vibraba cuando explicaba las confidencias recogidas «por ahí», de labios de mujeres divorciadas. «Una profesora francesa, de la Universidad de Grenoble, contaba la ex senadora, me decía que las mujeres de su patria vivían siempre con la angustia del divorcio. No puede haber serenidad, insistía, no puede existir tranquilidad en la vida en común con nuestro hombre, con nuestros hijos, si en la trastienda de cada jornada existe siempre la sombra negra del divorcio. Es como vivir al borde de una presa de agua, que puede en cualquier momento saltar llevándose cuanto es más caro a nosotras: el amor hacia nuestros hombres, hacia nuestros hijos, hacia la familia, hacia la vida misma.»

Luego recordaba otras palabras de una abogada suiza: «Señora: en Italia se mueven para conseguir el divorcio; entre nosotros, en Suiza, se está agitando una opinión para abolirlo, a la vista de los crueles resultados que ha dado.»

Las palabras de Lina Merlin sonaban firmes ante la concurrencia: «Estoy convencida de que la ley del divorcio ha pasado porque así lo han querido los partidos, suplantando la voluntad popular... Mediante el referéndum se verá si es o no como yo digo. A través del mismo, una conquista civil y social, en cuanto directamente el pueblo habla, se podrá apreciar quien tiene razón. De todas formas no estoy conforme con cuantos dicen que el divorcio es un fruto de la civilización. Al contrario. Para mí es un regreso en la evolución de la sociedad porque el matrimonio único e indisoluble, como existía en Italia, no era otra cosa que la necesidad querida del hombre social para pasar de la horda tribal a un orden social que se basa, y es inútil negarlo, en la familia: la cual se mantiene unida sólo si el matrimonio es indisoluble.»

Conmovía la pasión de aquella anciana —ochenta y tres años— empeñada en una batalla, cuando hacía ya un decenio que había hecho mutis por el foro.

Cuando terminó la reunión, yo mantuve con ella un

El profesor Gabrio Lombardi, catedrático de Historia del Derecho Romano de la Universidad Estatal de Milán, presidente del Comité Nacional Pro-referéndum contra la ley del divorcio. Con él aparece la ex-senadora socialista Lina Merlin, que figuró, también, en el Comité.

diálogo sustancioso. Me interesaba su pasado socialista, sus opiniones sobre el Partido y los hombres que lo pilotaban.

«Ya sé que a muchos les extrañará que una mujer agnóstica como yo, laica y socialista de siempre, se situe ahora junto a quienes, desde el bando católico, combaten el divorcio. Pero yo me muevo por ideales y no pregunto cuales son los colores de mis compañeros de viaje. He tenido grandes amigos en todos los partidos. Y en esta ocasión no entra para nada la política.»

Luego prosiguió: «En 1959 dejé el partido socialista, después de haber militado en él durante cuarenta años. Cuando terminó mi mandato parlamentario en 1963, me retiré a la vida privada. Pero aunque hoy ocupase un escaño en el Palacio Madama hubiera hecho lo mismo. Cuando veo como me combaten acusándome de contradicción entre la batalla de hoy y aquella otra de 1958, yo respondo que no hay contraste alguno. Entonces, como hoy, yo defendí a la mujer. El divorcio, exponiendo a la madre de familia al peligro de ser abandonada junto con los propios hijos da al hombre una posibilidad de comportarse como un egoísta y como un tirano, según una larga tradición de prepotencia.»

Le insinué que había casos dolorosos, cónyuges abandonados: «No niego que existan esas situaciones... lamentables. Pero podría remediarse, reformando el Código Civil y concediendo al matrimonio civil un tratamiento análogo al que los tribunales eclesiásticos dispensan al canónico. Es decir, ampliando los casos de declaración de nulidad, expediente generoso que la Iglesia aplica, y con el que resuelve muchos de esas problemas. Yo creo que, de todas formas, es necesario preparar a los jóvenes poniéndoles en condiciones de crearse una familia *para toda la vida.* Hoy se habla mucho de la educación sexual. Pues bien... no estaría de más hacer en este terreno algo parecido; educar a los muchachos para el matrimonio. Esta sería una eficaz medicina para atajar la crisis.»

* * *

De aquella memorable jornada saqué la convicción de que la promoción del referéndum estaba en buenas manos. Pocas semanas después, el 28 de marzo se abría la recogida de las firmas. La ley establecía que había de alcanzarse el medio millón de autógrafos «autorizados por oficial público o por notario», en el plazo de cien días. El éxito superó las ilusiones de los promotores. Porque cuando se acabó la colecta el Comité Pro-referéndum puso en manos del Tribunal Supremo, al que correspondía controlar la validez de las firmas 301 sobres lacrados, que contenían 1.370.134 autógrafos.

Según me aclaró el profesor Lombardi, las regiones que con más entusiasmo respondieron fueron el Veneto y la Lombardia. Con las firmas obtenidas en ambas se colmaban con creces el medio millón exigido. El Lazio —Roma, en definitiva—, se mostró más apática. Fue como una advertencia a cuanto ocurriría, después, el 12 de mayo de 1974.

El Tribunal Supremo recibió las cajas con los pliegos de firmas, el 19 de junio de 1971. Se tomaron todas las precauciones naturales para que llegasen «sin novedad» al Palacio de Justicia de Roma. Una vez allí, quedaron encerradas en una habitación sin ventanas, a cuyas puertas montó su guardia un par de carabineros. Era preciso evitar que una mano anónima dejase caer una cerilla y destruyera la paciente labor de los activos propagandistas del Comité Pro-referéndum.

XV. LAS PRIMERAS SENTENCIAS

La primera sentencia de divorcio —dictada por un tribunal de Módena— mereció los honores de la portada de los periódicos. Hubo entrevistas y fotografías a los divorciados, protagonistas del suceso. Se llamaban Alfredo Cappi y Luisa Benassi. El tenía 28 años; ella, 25. Estaban separados desde hacía un lustro y tenían un hijo de siete años, que fue confiado a la madre. Presentaron su instancia el 18 de diciembre, tres semanas después de la aprobación de la ley, apenas entró en vigor. Entre los datos que aportaron los periódicos figuraban los referentes al «precio» del divorcio. Los gastos realizados por los aludidos ex cónyuges no pasaban de trescientas mil liras, bastante menos, puntualizaba un diario de vieja alcurnia masónica de Roma, de lo que cuesta una anulación matrimonial en el Tribunal de la Sacra Rota.» El tribunal de Módena había decretado la disolución del matrimonio diez días después del fallido intento de reconciliación.

Para mayor comodidad la Liga Italiana del Divorcio instituyó en la capital y en otras ciudades oficinas de consulta, para informar ampliamente sobre la aplicación de la Ley Fortuna-Baslini. Porque no faltaran —ni faltan— abogados «aprovechados» que pidan, para comenzar una causa de divorcio medio millón de liras «para los primeros gastos». Yo recuerdo el caso de una pobre mujer que venía a trabajar a casa —por horas—, y que se lamentó de la cifra requerida por el letrado al que había recurrido para resolver, con el divorcio, su fracasado matrimonio. Como no podía pagar las 400.000 liras que le habían pedido, vino lamentándose. Mi mujer recordó entonces, que en el Club de Prensa Extranjera habíamos conocido al abogado Mauro Mellini, secretario de la Liga Italiana del Divorcio, hombre simpático y cordial, que había bromeado con los periodistas españoles sobre «las dificultades» que una iniciativa como la patrocinada por la Liga encontraría en España. Habíamos quedado «en amigos» y por teléfono la recomendamos a nuestra «colaboradora doméstica». La atendió amablemente y le ayudó desinteresadamente en el pleito. Cuando la malcasada se encontró libre, y pudo unirse a «su hombre» con el que había tenido ¡once hijos! (todos ellos de madre desconocida, puesto que la ley, siendo ella casada, sólo podía adjudicárselos al padre, que era soltero), preparó su boda número dos con todos los anuncios y prolegómenos propios del rito, peladillas incluidas. Antes de acudir al Ayuntamiento para la ceremonia nupcial, a la que nos invitó —«ustedes debían ser los únicos, por lo bien que se portaron»—, decía quiso ir a dar gracias a la Madonna del Divino Amore, como hacen tantas otras esposas felices. Peregrinó, con devoción, hasta ese santuario, mariano, situado en las afueras de Roma, que Federico Fellini «sacó» en aquella inolvidable película titulada «Las noches de Cabiria». No sé si dejó algún ex voto, como testimonio de su gratitud.

* * *

Desde el 18 de diciembre de 1970, fecha de apertura de la «veda», al 31 de enero de 1971, se habían presentado en la cancillería civil del Tribunal de Roma, 1.902 instancias de divorcio. En toda Italia, cuando enero consumía la cuenta de sus días, el número de demandas divorcistas sumaban unas diez mil. Pocas si se tiene en cuenta que las estadísticas habían hablado de cinco millones de italianos —cónyuges separados, pero con familia irregular, hijos ilegítimos, etc.—, «fuera de la ley civil».

Después de la rápida sentencia de Módena *, la segunda se registra en Latina, la tercera, en Roma, a pri-

(*) Esta sentencia dio lugar a una interpelación del diputado democristiano Castelli, relator de minoría de la Ley Fortuna-Baslini, que expresó al ministro de Gracia y Justicia su preocupación vivísima, ante el fallo de la justicia, que parecía demostrar cómo «el proceso del divorcio es una mera liturgia formal o un juicio-burlesco».

meros de marzo de 1971. Por cierto que el abogado que patrocina al solicitante del divorcio, es, en este último caso, Armando Zanardelli, bisnieto del ministro que en 1902, presentó el proyecto de ley del divorcio, naufragado como quedó ya explicado. En tanto, Milán, hace las cosas en grande. En los primeros días de marzo de 1971, la novena sección del tribunal Civil, deposita noventa y cinco sentencias de divorcio. Todas ellas corresponden a parejas que llevan varios años separadas, porque no hay que olvidarlo, la separación es «la puerta amplia del divorcio...» a la italana.

En tanto el divorcio rueda —en tanto Italia se divorcia... pero menos— la Iglesia, según sus enemigos, para hacer más dura la *competencia,* reajusta, con un Motu Propio, de Pablo VI (de fecha 28 de marzo de 1971, aunque no se publica hasta junio, para entrar en vigor, en octubre), el proceso de la declaración de nulidad matrimonial. Los tribunales eclesiásticos se darán desde ahora «más prisa» en el despacho de las causas. Se quiere evitar que el pleito resulte complejo, tardío y costoso. Realmente hay razones objetivas para criticar la actuación del poder judicial de la Iglesia en esta materia. Los procedimientos, a pesar de la «agilidad» de las pruebas, resultan en muchos casos interminables. Nadie pone en duda la buena fe de los jueces provisores ni la competencia de los notarios y auditores, ni la laboriosidad de los magistrados rotales, pero la triste verdad es que las causas duermen durante años en las cancillerías y que ni siquiera recurriendo al rito «de urgencia» (que duplica los gastos) la justicia matrimonial se mueve diligentemente. La tardanza da pie a los abogados a solicitar, con reiteración sospechosa, en la mayoría de los casos (siempre hay honrosas excepciones), «provisiones de fondos.» De ahí que en «las alturas» de la Iglesia, se abra camino la idea de una reforma ejemplar que se basa en dos consideraciones: 1) evitar los abusos de los desaprensivos letrados que esquilman al cliente (para salir al paso de las minutas astronómicas, a pesar de las tarifas indicativas existentes, se declara que los pleiteantes pagarán a sus abogados a través del tribunal), 2) aligerar el sumario, para llegar cuanto antes a la sentencia. Cuando se trate de impedimentos dirimentes (consaguinidad, impotencia, etc.), y la documentación sea cierta y auténtica, se da facultad al obispo para declarar la nulidad matrimonial.

Alessandro Coletti, en su libro «Il divorzio in Italia»

escribe sobre el Motu Propio de Pablo VI, al que se refiere: «Desde el frente laico los comentarios no son benévolos; estas innovaciones se interpretan como la voluntad de establecer una concurrencia entre el procedimiento civil del divorcio y el canónico de la anulación. Se trata de conseguir un incremento de las causas ante los tribunales eclesiásticos ahora capaces de despachar con celeridad causas matrimonales, mientras no siempre el divorcio se liquida con rapidez. La otra razón determinante del Motu Propio papal está directamente ligada a la cuestión del referéndum. En la eventualidad de la liquidación de la ley divorcista, el Vaticano prepara para no enojar demasiado a los italianos, que no podrían, en tal caso, disfrutar de una disolución civil de su matrimonio, un diligente expediente de anulación matrimonial. Aunque la verdad es que la situación del cónyuge anulado deja mucho que desear por estar privado, al revés de lo que ocurre con el divorciado, de cualquier tutela. La Iglesia no anula (como impropiamente se dice) sino que comprueba y declara la nulidad inicial del matrimonio, la inexistencia del vínculo. Tras la anulación es como si los dos cónyuges no hubieran estado unidos jamás. Ningún derecho, por tanto, madura, para ellos en la declaración judicial, sino el relativo al estado libre de ambos protagonistas.»

XVI. EL REFERENDUM APLAZADO

A finales de 1971, cuando comenzó la batalla para la conquista del Quirinal —agotado el mandato presidencial de Giuseppe Saragat, adelantó su candidatura, con sorprendente seguridad en el triunfo, Amintore Fanfani— se habló de la posibilidad de que el referéndum se convirtiera en prenda de compromiso. Se decía que si los comunistas apoyaban al entonces presidente del senado a escalar la presidencia de la República, podía evitarse «la laceración» de la consulta electoral. Se percibía como una especie de guiño de ojos, a distancia, entre Fanfani y el Partido Comunista. El «yo-te-doy-una-cosa-a-tí-tú-me-das-una-cosa-a-mí», de la cancioncilla napolitana, se traducía en una operación política que suponía:

1. La instalación de Fanfani en el Quirinal, con los votos determinantes del Partido Comunista.
2. La aceptación de común acuerdo comunistas y democristianos de una minireforma de la ley del divorcio, que evitara el referéndum.

El partido comunista temía —luego se vería como se equivocaba— que su electorado se fraccionara y que el referéndum malograse la tan ansiada colaboración con el mundo católico, lo que después habría de definirse como «el compromiso histórico».

Pero la elección de Fanfani se complicó. Dentro de la Democracia Cristiana hicieron su aparición, amparándose en el secreto del voto, los franco-tiradores. En el fondo, Giulio Andreotti, presidente del grupo democristiano de la Cámara, que oficialmente dirigía con el secretario del

Partido Forlani la batalla, se alegraba del fracaso de Fanfani (había dicho: «si sale presidente yo no iré al Quirinal, más que en la fiesta nacional del 2 de junio»); y algo parecido sucedía a Carlo Donat Cattin, uno de los líderes de la izquierda del partido, que no vacilaba en llamar a aquel «el embrollón».

Contra la posibilidad de una reforma que desvirtuase el principio de la ruptura vincular se habían manifestado ya la Liga Italiana del Divorcio, y, por supuesto, los padres de la ley: Loris Fortuna y Antonio Baslini. «Preferimos, habían dicho, el riesgo del referéndum a cualquier modificación que haga más difícil o imposible, de hecho, el divorcio.»

En tanto, en la base comunista se agitaban contrastes muy peligrosos. Desde las columnas de *Il Manifesto* el órgano de los comunistas heréticos, se denunciaba el «pastel» y se incitaba a los militantes a desbaratar los compromisos que se preparaban en «las alturas». Fue preciso, por tanto, dar marcha atrás, y decir claramente que Fanfani no contaría con el apoyo comunista nunca.

Al fin, la operación Quirinal terminó, justamente el 24 de diciembre, cuando la casi totalidad de la Democracia Cristiana, los socioaldemócratas, los republicanos y los «misinos» dieron sus votos a Giovanni Leone, el hombre que conviene no olvidarlo, había mediado para salvar la ley Fortuna-Baslini en el Senado (hay quien asegura que su intervención no respondía a un simple deseo de mejorar la ley sino que tenía como objetivo, el Quirinal).

* * *

Antes de que el Parlamento, reunido en sesión conjunta, comenzara sus laboriosas votaciones para designar al sucesor de Saragat, se había registrado —exactamente el 2 de diciembre— una maniobra, que el Comité Nacional Pro-referéndum, calificó de «operetta» bufa: una senadora de la llamada «Izquierda Independiente» (elegida, como todos sus colegas del grupo, con votos comunistas), Tullia Carettoni, presentó en la alta cámara una propuesta de reforma de la ley Fortuna-Baslini, que se conoció con el nombre de ley del divorcio-bis. Loris Fortuna, según ya he dicho, reaccionó contra el proyecto que contaba con el apoyo de algunos diputados y senadores defensores hasta entonces, del divorcio al cien por cien. Calificándola de «proposta-truffa» (propuesta engaño).

FAVOREVOLI
perai
Istruzione Superiore
Benestanti
Giovani

CONTRARI
Contadini
Donne
Vecchi

Como ilustración a una encuesta, Doxa, un semanario italiano, publicó estas viñetas, donde se apreciaba que a favor del divorcio estaban los obreros, las personas de instrucción superior, las clases acomodadas y los jóvenes, mientras contra la reforma se manifiestan, en general, los campesinos, las mujeres y los viejos.

Fortuna afirmó que quienes habían luchado por el divorcio no podían constituirse en «carabineros» de tal propósito, que podía dar lugar a monstruosas complicaciones jurídicas y políticas. Por su parte el liberal Antonio Baslini, a renglón seguido, calificó a su compañero de partido Aldo Bozzi (que simpatizaba con la propuesta de la senadora Carettoni) de «rufián de una operación de compromiso».

Por esos mismos días, el laborioso camino del referéndum salvaba uno de sus últimos escollos legales: porque el 9 de diciembre, la llamada «Oficina Central para el referéndum», constituida dentro de la Corte de Casación (Tribunal Supremo), establecía en una ordenanza que como consecuencia de trabajo realizado a partir del 30 de septiembre, y una vez abiertos 149 sobres de los 301 entregados por el Comité Nacional Pro-referéndum, se declaraba que sobre 718.081 firmas examinadas habían resultado regulares, a fectos de la ley, 642. 305, e irregulares 75.193. Por tanto «La Oficina Central del Referéndum considera legítima —se decía textualmente— la solicitud del referéndum popular para la derogación total de la ley del 1 de diciembre de 1970, núm. 898, titulada «disciplina de los casos de disolución del matrimonio», y declara acabadas las operaciones de su competencia relativas a esta fase del referéndum.» El Comité Nacional Pro-referéndum se apresuró, en un comunicado, a puntualizar: «Ante la posibilidad de que un cierto número de firmas fuesen irregulares, consideramos que sobre el 1.470.134 recogidas efectivamente, debíamos rebajar al menos cien mil, y por eso declaramos que en los 301 sobres sellados, se contenían 1.370.134. El Comité lamenta que objetivas dificultades de trabajo, hayan impedido a la Oficina Central para el Referéndum examinar todos y cada uno de los sobres, para establecer así, con exactitud, el número total de las firmas válidas.»

Quedaba aún el fallo de la Corte Constitucional (Tribunal de Garantías Constitucionales), y, por supuesto, que el presidente de la República firmase el decreto de convocatoria. Nadie pensaba entonces que, aún señalada la fecha para la celebración del referéndum, la adelantada disolución del Parlamento aplazaría la consulta popular.

* * *

... Porque sucedió, que la elección de Giovanni Leone como presidente de la República, fue como una fulminante estocada para el centro-izquierda. Mortificados los socialistas al verse marginados de la operación Quirinal, y sobre todo la certeza de que los votos del Movimiento Social habían sido determinantes para la elección del candidato democristiano, precipitó la suerte del gobierno presidido por Emilio Colombo. La crisis no tuvo otra salida que la constitución de un gobierno monocolor presidido por Giulio Andreotti, a quien el flamante Primer Magistrado de la República confió después el decreto de convocatoria de elecciones políticas. Se disolvía la quinta legislatura, un año antes de agotar su mandato, y se confiaba al cuerpo electoral la elección de un nuevo parlamento. Como fatal consecuencia, se aplazaba por un año, el referéndum a propósito de la ley Fortuna-Baslini.

Todavía en las postrimerías de aquella legislatura, la senadora Tullia Carettoni —27 de enero de 1972— se mostraba casi segura del éxito de su iniciativa. Así declaraba al redactor de un semanario divorcista: «El referéndum contra la ley Fortuna no se hará, por el simple hecho de que esa ley será sustituida por otra.»

Pero la propuesta de la senadora filocomunista no llegó a discutirse. Se produjo antes la disolución del parlamento.

* * *

El Comité Nacional Pro-referéndum adivinó la maniobra: vio, con claridad, que se preparaba la disolución de las cámaras, para demorar la consulta popular, dado que la ley del Referéndum del 25 de mayo de 1970, establece que en año electoral no puede celebrarse una consulta directa de este tipo. En varios comunicados, el Comité advirtió la estafa política que se cocía, denunciando «la gravísima incorrección democrática de las secretarías de los diversos partidos», que apremiaban al Jefe de Estado para que procediese a la convocatoria de nuevas elecciones, como único medio de aplazar el referéndum. Se insistía que en tal caso la consulta se demoraba «tan sólo» por un año. (Luego se vería que una artificiosa argumentación, conseguiría un nuevo aplazamiento.)

* * *

El 27 de febrero de 1972, Giovanni Leone ponía su firma al pie de un decreto, que le sometían Andreotti, como

Spedizione in abbonamento postale Gruppo III

attaglia divorzista

Notiziario mensile della Lega Italiana per l'Istituzione del Divorzio

Anno I - N. 3 - Gennaio 1967
UNA COPIA Lire 100

Editore, MAURO MELLINI
✦
Direttore Respons.: GABRIELLA PARCA
Capo Redatt.. MARCELLO BARAGHINI
✦
Redazione e Amministrazione Roma Via XXIV Maggio 7 - telefono 682 997 682 956

Aut Trib di Roma N 11195 del 11-10-1966
Tip SETI Roma, Via della Guardiola 23

CHIARATO COSTITUZIONALE IL DIVORZIO

ima grande vittoria alla Camera

atti i laici: battuti 25 a 20 democristiani e fascisti alla Com- one Costituzionale - Immediato positivo contraccolpo alla Com- one Giustizia: l'On. Zappa non insabbierà più il progetto For- abbinandolo al disegno Reale - Costernazione fra i democristiani

unione della Com Affari Costituzionali naio la proposta di tuna per il divorzio e stata dichiarata costituzionale

Il parere favorevole è stato espresso con 25 voti contro 20 contrari Hanno votato a favore tutti i componenti della Commissione appartenenti ai partiti laici: Socia

Un ejemplar de «Battaglia divorzista» (Batalla divorzista) órgano de la Liga Italiana para la institución del divorcio.

presidente del gobierno y Guido Gonella, como ministro de Gracia y Justicia. En el mismo se decía, textualmente:

> «El presidente de la República... de acuerdo con la propuesta del presidente del Consejo de Ministros, y del ministro para la Gracia y la Justicia, DECRETA: Se convoca el referéndum popular para la derogación de la ley de 1 de diciembre de 1970, núm. 898, titulada «Disciplina de los casos de disolución del matrimonio».
>
> «Los relativos comicios se anuncian para el domingo, día 11 de junio de 1972.»

* * *

La dicha, sin embargo, duró poco. Porque veinticuatro horas después de la firma del decreto convocando al pueblo italiano para que diese, directamente, su opinión sobre la derogación de la ley del divorcio, el presidente de la República estampaba también su autógrafo en otro documento que decretaba, «escuchado el parecer de los presidentes de ambas cámaras», la disolución del Parlamento y la convocatoria de elecciones políticas, para el 7 de mayo de 1972.

El Noticiario del Comité Nacional Pro-referéndum se publicó aquella semana con una orla negra, sobre un titular que decía: «28 de febrero: un día de luto para la democracia italiana». Se leía en el comentario-editorial: «La señal de luto va por la democracia italiana que ha sido mortificada, en la primera manifestación de participación popular a una grande decisión, que traducía una preocupación de civilidad. En un momento en que tanto se habla del concurso directo de la base en la gestión del poder, las *cumbres* de los partidos han querido impedir que el pueblo, depositario de la soberanía, expresa su libre voluntad sobre el tema de la indisolubilidad del matrimonio.»

El Comité se hacía una cuenta equivocada, ya que aplicando matemáticamente el plazo establecido por la ley, razonaba así: «Disueltas las cámaras, la fecha del referéndum se traslada al primer domingo después del 336 día de las elecciones: próximas elecciones, el 7 de mayo de 1972; referéndum, por tanto, el 13 de mayo de 1973.» «El referéndum, frontera de libertad, se leía, al final del editorial que transcribo, no entra en una vía muerta. Es un tren que se detiene por el momento, pero sobre los raíles principales; todo el tráfico resulta negativamente condicionado.»

El Comité creía que tenía catorce meses para prepararse. Iba a tener dos años casi.

XVII. UN PARLAMENTO ANTIDIVORCISTA

Durante la campaña electoral, fueron pocos los candidatos que aludieron, en sus discursos, al tema del referéndum. Hubo quien insinuó si no sería conveniente que Gabrio Lombardi y otros exponentes del Comité Nacional Pro-referéndum, se presentasen candidatos a la cámara o al Senado, para poder vigilar mejor, desde el Parlamento, el itinerario que ya se presumía difícil de la consulta popular. Lombardi, sin embargo, renunció. En cambio el profesor Enrico Medi (que ya había cubierto en la Democracia Cristiana cargos electivos) dio su nombre a la lista del escudo cruzado y salió diputado por Roma, por cierto con un elevado número de votos preferenciales.

En las elecciones del 7 de mayo de 1972, el rotundo fracaso de algunos grupos extremistas de izquierdas —Partido Socialista Italiano de Unidad Proletaria—, *Il Manifesto,* Movimiento Político de los Trabajadores (el sueño dorado de un católico-marxista, Livio Labor, que esperaba dar un buen mordisco a la Democracia Cristiana), etc., hizo que tanto en la Cámara como en el Senado desapareciera la mayoría divorcista que había facilitado la aprobación de la ley Fortuna-Baslini. De habérselo propuesto, la Democracia Cristiana habría podido, contando con los parlamentarios del Movimiento Social Italiano, derogar, con otra ley nueva, la de Fortuna-Baslini. Hubo, en efecto, un diputado democristiano que así lo propuso, pero su iniciativa no se tuvo en cuenta por las altas esferas del Partido, a pesar de que hasta el verano de 1973, no se restableció la colaboración con los socialistas, e Italia estuvo gobernada por un gabinete centrista, presidido por un hombre de tan irrevocable devoción cristiana como Giulio Andreotti.

Otra nota interesante: de los cincuenta y nueve parlamentarios que, encabezados por Eugenio Scalfari, un socialista director durante algún tiempo de *L'Expresso*, habían intentado en la legislatura anterior que se aprobase una ley que excluyera del referéndum «concretamente» la ley del divorcio, sólo la mitad —exactamente veintinueve— vieron renovada su presencia en el Parlamento.

Constituida ya la Sexta Legislatura de la República, se registraron dos intervenciones de otros tantos autorizados exponentes del Partido Socialista Italiano, que demuestran cual era la «temperatura» reinante en el frente divorcista.

Pietro Nenni, escribía en el diario socialista *Avanti*, lo siguiente:

> «Nos hemos dejado ganar por el temor del referéndum derogatorio de la ley del Divorcio, y ahí están las consecuencias; disolución del parlamento, referéndum dentro de diez meses, y en tanto se ha formado en ambas cámaras una mayoría antidivorcista.»

Por su parte Giacomo Mancini, secretario general del Partido Socialista, subraya:

> «Si en el Parlamento no existe una mayoría divorcista, tal cosa quiere decir que la misma situación habríamos encontrado en el país. Por tanto si el referéndum se hubiese celebrado ahora, hoy la ley Fortuna no existiría.»

* * *

En el Verano de 1972, en plena euforia centrista (con los socialistas en una oposición entre rabiosa y arrepentida), fueron conocidas las cifras de algunas indagaciones hechas, que demostraban como a pesar del pesimismo de determinados sectores divorcistas, se estaba produciendo, lenta y casi imperceptiblemente, una evolución en el ánimo del pueblo italiano a propósito o, mejor dicho, a favor del divorcio.

En un boletín del Instituto «Doxa», encuentro una referencia contenida en una introducción firmada por el profesor Luzzatto-Fugiz sobre un sondeo realizado a finales de la primavera de aquel año, y leo esto: «La actitud de los italianos frente al divorcio puede describirse así: aquellos que conocen la ley, se muestran, en mayoría, contrarios a su derogación. En caso de tener que votar lo harían, por tanto, contra la abrogación de la misma, es decir por la conservación del divorcio en nuestra legislación «El hecho nuevo, se dice a continuación, se debe, quizá, al uso de una técnica distinta, —el *split ballot,* o tarjeta dividida— que consiste en poner la misma pregunta en dos planteamientos diversos:

- Si la pregunta fundamental (mantener o derogar la ley) se hace después de haber enumerado todos los motivos de divorcio previstos en la ley, entonces la mayoría (50,5 por ciento, contra 39,7 por ciento y 9,8 por ciento de dudosos) declara estar a favor del mantenimiento de la ruptura vincular. Frente a ciertas hipótesis (por ejemplo, el incesto o la violencia carnal, explotación del cónyuge o de los hijos, etc.) los favorables a la disolución matrimonial superan el 70 por ciento.
- Si después se repite la idéntica pregunta, para un segundo muestrario representativo de adultos, después de haber señalado, genéricamente, sólo dos causas de divorcio, la condena de un cónyuge a pena de detención y la separación por cinco años o más, —entonces sólo el 42 por ciento de los entrevistados se declara a favor del mantenimiento de la ley, mientras el 48 por ciento se manifiesta por la derogación, y el 10 por ciento se mantiene en la duda».

Gabrio Lombardi, comentando estas notas del profesor Luzzato-Fugiz, de la «Doxa», afirma que al exponer las preguntas de esa forma, el referido Instituto juega con los llamados «casos piadosos», que en el artículo 3 de la ley del Divorcio se enumeran, cuando estos son como «la cortina de humo» que cubre la verdadera mercancía: la posibilidad del divorcio automático, através de la vía «maestra» de la separación.

A la vez que se iba abriendo camino la maduración divorcista (los primeros sondeos habían sido resueltamente contrarios a la institución), comenzaron los juegos para evitar que el referéndum se celebrase en la primavera de 1973, como parecía lógico, con la ley en la mano.

Avalada por ilustres constitucionalistas, se fue propagando la tesis de que la consulta popular habría de aplazarse hasta la primavera de 1974.

El Comité Pro-referéndum salió, inmediatamente al paso de la sospechosa argumentación. Era un equívoco, afirmaba Gabrio Lombardi, imaginar que el Presidente de la República tenía que firmar un nuevo decreto para fijar fecha al referéndum. «La consulta popular, decía, se entiende en caso de coincidencia con un año electoral, suspendida automáticamente; los términos del procedimiento para el mismo se inician a partir del 365.º día sucesivo a la fecha de las elecciones. Si las palabras tienen un significado claro, aquí se trata de un referéndum *ya convocado,* que se ha suspendido. No hace falta ningún nuevo decreto de convocatoria».

Parecía, a primera vista, una discusión bizantina, pero los divorcistas se dieron cuenta bien pronto —y encontraron cómplices en las alturas (cómplices movidos por el miedo al referéndum) —que ganando tiempo, ganaban votos a favor del mantenimiento de la ley Fortuna-Baslini, y comenzaron la laboriosa edificación de la operación «referéndum-1974», que daría al fin, los esperados frutos.

XVIII. EL VATICANO TENIA MIEDO AL REFERENDUM

El comienzo del otoño de 1972, cuando se publica el presupuesto del Estado, se aprecia una partida significativa; para el referéndum abrogativo de la Ley del Divorcio, se señalan algo más de treinta y cuatro mil millones de liras; exactamente, 34.520.640.000 liras. Parece una buena señal, que el Estado, previsor, ponga aparte los dineros necesarios para la organización de la consulta popular, que exige —ya se sabe—, el mismo montaje que unas elecciones generales; revisión del censo, carteles, sedes electorales, etc.

Sin embargo, tal previsión engaña, porque la idea de que no habrá referéndum en la primavera de 1973, se va consolidando, a través de las maniobras de los partidos.

Gabrio Lombardi se bate para que el referéndum se celebre el 10 de junio de 1973. Es un término inaplazable, afirma en un artículo publicado en *Giornale d'Italia*. «Si se demora, dice, todo el pueblo italiano tendrá clara conciencia de que, sobre la base de las indicaciones de *los consejeros aúlicos del príncipe* se habrá defraudado el ejercicio directo de la soberanía popular, que la constitución ha querido reconocer a través del referéndum abrogativo, y que ya en la primavera de 1972, le ha sido sustraído con la anticipada disolución de las cámaras.»

En los primeros meses de 1973 sólo el Comité Pro-Referéndum parece haber tomado en serio la cuestión. Ni el gobierno ni los partidos políticos ni el Vaticano parecen tener prisa. Quizá será mejor dejar la consulta para la primavera de 1974. Nada se pierde. En vano, juristas serios, como Sergio Geleotti, Antonio Guarino, Salvatore

Satta..., argumentan, en una mesa redonda celebrada en Roma, contra la demora. Estiman que es inconstitucional, pero el Consejo de Estado es de parecer contrario, y el gobierno de Giulio Andreotti —consciente de su precariedad— acepta el veredicto, tiene ya soporte jurídico a donde agarrarse.

El senador Giovanni Spadolini, republicano, antiguo director de *Corriere della Sera*, escribe en *La Stampa*:

«Ya es cierto. Después del parecer del Consejo de Estado escribe, el referéndum sobre el divorcio se deslizará a junio de 1974. El Vaticano no tiene prisa. Durante el encuentro con el presidente Leone, el 22 de septiembre de 1972, que reabrió la espiral polémica entre la Iglesia y el Estado, Pablo VI de manera reservada le habló de la conveniencia y de la oportunidad de encontrar una salida que evitase el referéndum, sin perjudicar los derechos de una y otra parte.»

¿Hasta qué punto tenía razón Spadolini? Porque precisamente lo que de ese coloquio se dijo fue lo contrario. Que el Santo Padre subrayó los derechos del pueblo italiano a utilizar el recurso constitucional del referéndum. Pero la puntualización de Spadolini, deja al menos en el aire algo que corre por Roma, a uno y otro lado del Tíber: que en el Vaticano hay, sobre la consulta directa al pueblo, opiniones para todos los gustos.

En el mes de abril de 1973, Giovanni Leone presidente de la República, dice a Oriana Fallaci, en una entrevista publicada en *L'Europeo*, que el aplazamiento del referéndum es lo que en derecho procesal se llama «un reenvío de la causa». Se le replica desde trinchera antidivorcista que en esta ocasión sólo se escuchó a una parte y que por tanto el reenvío no es justo *.

(*) El párrafo de las declaraciones de Leone a Oriana Fallaci, dice: «¿Qué quiere que le diga sobre el referéndum? Por ahora, por este año, no se celebra. Nosotros, los abogados, tenemos el llamado instituto del reenvío de la causa. Cuando una causa es difícil se la reenvía. Por ahora, el divorcio lo tenemos. Como todos saben yo he participado con una mediación objetiva y serena, que ha quitado a la ley algunos gruesos errores. Otros han quedado, por desgracia, en puntos que de tanto en tanto afloran. Pero estoy convencido que, con el reenvío del referéndum, tendremos ocasión de mejorar esta ley Fortuna. Lo importante es que el divorcio no provoque una guerra civil. No está bien que se reproduzcan las divisiones entre güelfos y gibelinos, clericales y anticlericales, católicos y no creyentes; todas las causas de ciertas dicordias deben ser eliminadas. El divorcio no debe ser motivo de roce entre los italianos.»

Alguien saca a relucir la mediación de Leone, durante el debate en el Senado. «Sin ella, se dice, el divorcio habría caído en la alta cámara». En *Giornale d'Italia* recordando «aquello», escribe Gabrio Lombardi: «En vísperas del juramento de Leone, como presidente de la República, este periódico recordaba en un artículo titulado *El divorcio-bis ha nacido en casa de Leone;* El secretario de la Democracia Cristiana pidió en noviembre de 1971, al ex-presidente de la Cámara (a Leone) de estudiar el modo de evitar el referéndum, con una modificación sustancial de la ley Fortuna. El senador le contestó: conforme, siempre que ninguno conozca mi mediación».

El 12 de abril de 1973, el Comité Pro-referéndum lanza un mensaje a los italianos, denunciando el fraude que significa el aplazamiento, para el casi millón y medio de electores que lo solicitaron. «Sobre la base, explica el texto, del parecer de una comisión especial del Consejo de Estado, constituida discrecionalmente, el referéndum ha sido demorado hasta el 1974. Pero este parecer, ni obligatorio ni vinculante, no vale disminuir la responsabilidad del aplazamiento, que ha de atribuirse toda ella, ante el pueblo italiano, al gobierno y al presidente de la República, supremo garante de la constitución. Ni sirve para esconder la declarada voluntad de la clase política que no quiere dar paso al referéndum.»

A pesar de tan rotundas acusaciones, la Democracia Cristiana, que celebra en Roma, en los primeros días de junio de 1973 su congreso —el número XII de su historia—, no quiere ni oír hablar del caso. Se enreda en discusiones laboriosas para justificar la vuelta al centro-izquierda, y solo como petición al nuevo Consejo Nacional, se ocupa en un orden del día, del referéndum. Se trata de salvar la cara ante la opinión católica del país.

«El XII Congreso, se lee en el documento, considerando inadmisible cualquier postura que tienda a eludir el problema, reafirma la exigencia constitucional de que en la primavera de 1974 se efectúe el referéndum sobre el divorcio, respetándose así el principio de legalidad, dando, de paso, una precisa advertencia a quienes quieren llevar adelante nuevas propuestas tales como la legalización del aborto, tan claramente dirigida a subvertir los valores de la familia.»

El nuevo Consejo Nacional, que elegirá a Fanfani, como secretario, dará pie al mismo, a empeñarse en una batalla que después merecerá, dentro de la misma Democracia Cristiana, duras críticas.

* * *

Ante lo irreparable se sucederán en la segunda mitad del año 1973, las maniobras encaminadas a evitar «como sea» el referéndum. Los comunistas, en particular se distinguen en esta batalla, temiendo siempre la ruptura de su propio electorado.

Enrico Berlinguer, secretario del Partido dice en un mitin, celebrado en Milan: «Hemos renovado la invitación a todas las fuerzas políticas para una solución razonable y correcta del problema del referéndum sobre el divorcio, a través de una nueva ley que salvaguarde el instituto, introduciendo mejoras y modificaciones. De todas formas, nosotros nos comprometemos, desde ahora, a empeñarnos en esta batalla para rechazar la petición de abrogación de la ley. Pero estamos convencidos de que una campaña electoral sobre el divorcio provocará daños al país y esto por concurrentes y evidentes motivos: porque acarreará diversiones entre las clases trabajadoras, porque turbará la paz religiosa en Italia y las relaciones entre la Iglesia y el Estado, y, porque, en fin, representará una carta favorable en manos de los fascistas y de las fuerzas reaccionarias. La misma posibilidad de recuperación económica y productiva, de renovación social, de forma de la administración pública... podrá retrasarse y sufrir perjuicios en una Italia donde, no por casualidad, aflora en estos días el cólera y se repropone el problema del pan»

El tono apocalíptico del discurso prueba hasta qué punto temían los comunistas al referéndum.

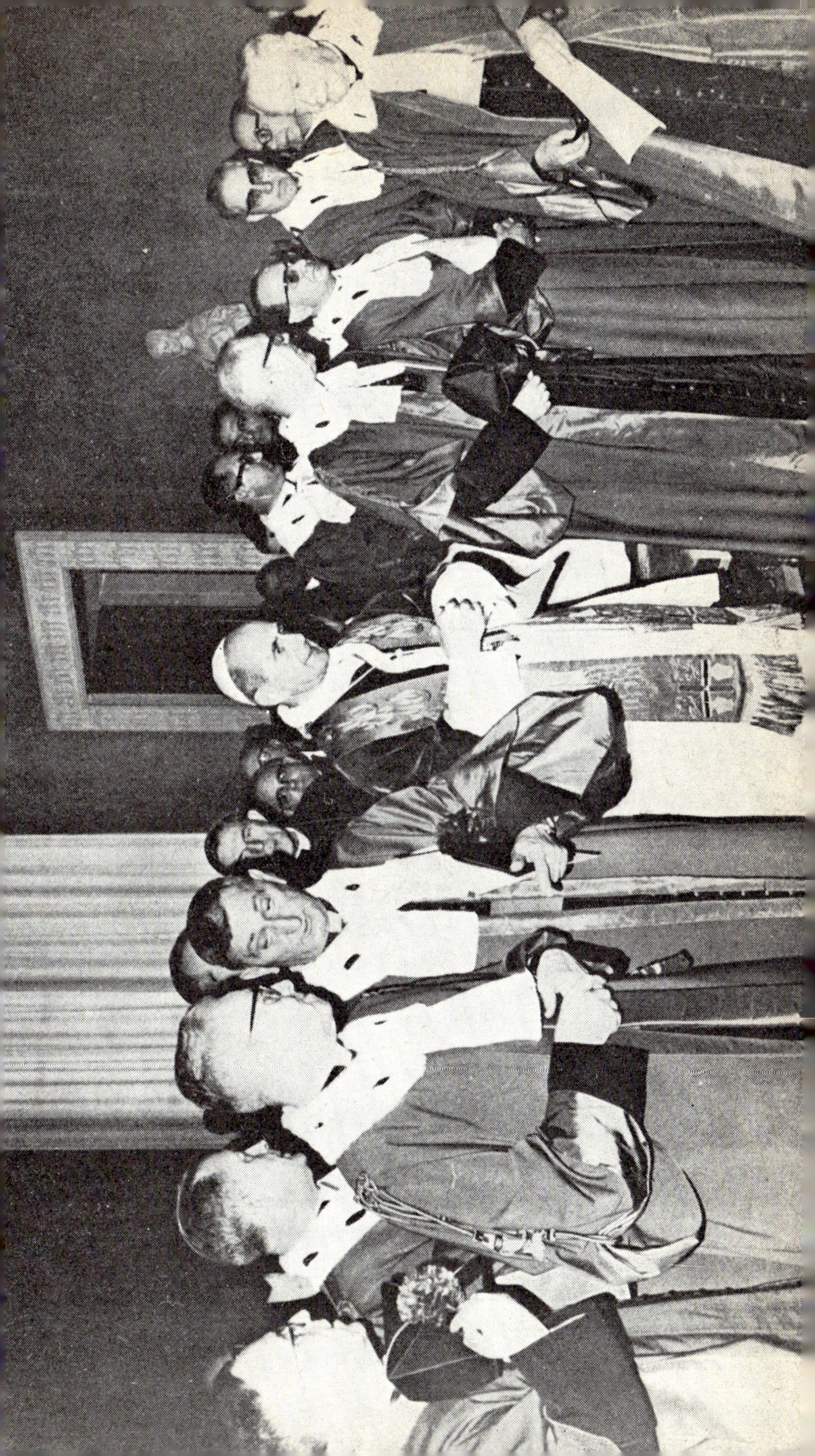

El Santo Padre con los jueces de la Sacra Rota, el tribunal supremo eclesiástico en materia de causas matrimoniales. Pablo VI, en sus frecuentes discursos a los magistrados rotales les animó siempre a defender la integridad sacramental del matrimonio.

Su Santidad el Papa Pablo VI no ocultó nunca su amargura, ante la aprobación por el parlamento italiano de la Ley Fortuna-Baslini. Su gran preocupación fue la de pasar a la historia, como «el Papa del divorcio».

XIX. EL 12 DE MAYO

Al fin, fracasadas todas las maniobras dilatorias, se fijó fecha para el referéndum. Antes la Corte Constitucional, el Tribunal de Garantías Constitucionales, hubo de dar, por segunda vez, un veredicto de constitucionalidad a la ley Fortuna-Baslini, porque un Magistrado había expuesto a tan alto tribunal sus dudas sobre el particular, considerando que el artículo 2 de aquella vulneraba el Concordato y no era constitucional. El Tribunal aunque había cambiado de jueces —se decía que ahora había mayoría antidivorcista— fue fiel y coherente con su declaración anterior: juzgó constitucional la Ley, y ya no hubo obstáculo serio para la consulta popular.

Mario Tanassi, presidente del partido Socialista Democrático y ministro de la Defensa, reconoció lo «inevitable» en unas declaraciones hechas a la revista *Gente* en diciembre de 1973: «Hace falta prepararse para un enfrentamiento civil, que evite ásperas polémicas entre los partidos laicos y la democracia Cristiana, en pleno.»

* * *

El anuncio lo hizo el presidente Mariano Rumor, el 2 de marzo de 1974, tras haber cambiado impresiones con los representantes de los diversos partidos y en un momento crítico para su gobierno, cuando estaba a punto de presentar su dimisión al Jefe del Estado. La crisis, provocada por la dimisión del Ministro del Tesoro, Ugo La Malfa, se resolvió rápidamente.

Para no dejar mal a nadie se redactó un nuevo decreto, que firmó el presidente Giovanni Leone y apareció en la Gaceta de la República el 4 de marzo. En el mismo se aludía a la anterior convocatoria, diciendo que había sido suspendido a causa de la disolución de las cámaras y se fijaba, «oído el Consejo de Ministros y sobre la propuesta del Presidente del Consejo y de los ministros del Interior y de Gracia y Justicia», su celebración para el domingo 12 de mayo de 1974.

No se explicaba ni por qué no se había celebrado en la primavera de 1973 ni se decía una palabra sobre el parecer del Consejo de Estado, que había permitido justificar el «salto» hasta 1974. Pero esto era lo de menos. Al Comité Nacional Pro-Referéndum le sonaba a gloria el documento.

* * *

No era la primera vez que en Italia se celebraba un referéndum. El 2 de junio de 1946 por esa misma vía —¿o quizá sería más exacto llamar a aquella consulta plebiscito?— se había liquidado la monarquía saboyana, y establecido la República.

Las circunstancias políticas y sociales, como ha recordado Giuseppe Romita, socialista, a la sazón ministro del Interior, no eran, ciertamente, las más propicias para una consulta de este género. Italia era todavía un país turbulento, que despertaba de la pesadilla sangrienta de una guerra perdida —aunque al final, oficialmente, luchase al lado de los vencedores— de una contienda civil donde las represalias fueron durísimas, de la miseria y del caos. En algunas provincias, en aquel lejano 1946, había renacido el bandidismo. La mafia se reorganizaba en Sicilia y apoyaba una insólita carta: la unión de la isla con Norteamérica.

En tanto, las tropas aliadas, las tropas americanas e inglesas, controlaban el territorio nacional, vigilando su despertar democrático. De vez en cuando se producían reacciones violentas por parte de los «vencidos». En Roma, por ejemplo, los fascistas se habían apoderado momentáneamente de una emisora y habían difundido el prohibido himno de «Giovinezza». En el sur, los defensores de la monarquía recordando la tradición de los «lazarones» napolitanos, se revolvían contra los propagandistas de la República y lanzaban manadas de ratas apenas la multitud se reunía para escuchar a los oradores que anunciaban el cambio de régimen.

En vísperas del referéndum institucional, fue preciso defender el Viminale, sede de la presidencia del Consejo— se huía del recuerdo del Palacio de Venecia y de su histórico balcón— con carros armados que situaron en los alrededores, temiendo el asalto de los monárquicos. En tanto, Umberto III, «el rey de mayo», procuraba, un poco tardiamente recobrar las simpatías del pueblo, cuidando a base de sonrisas, sus relaciones públicas. Su mujer, la reina María José, que había adivinado desde 1940 el lamentable final de la monarquía, no ocultaba sus preferencias socialistas. (Luego, declararía, que si en el plebiscito monarquía-república, se había limitado a dejar en la urna una papeleta en blanco, en cambio, en las elecciones para la Asamblea Constituyente había dado su voto a Saragat, que ya representaba un socialismo «de rostro humano», frente al radicalismo de Pietro Nenni, del brazo de los comunistas, desde los años del exilio).

La monarquía por supuesto, aparecía de antemano sentenciada. Era una ruina entre las ruinas, como escribía el órgano el Partido de Acción. «El rey, decía el periódico, es un reo confeso en ignorado paradero.» (Se refería, todavía a Vittorio Emmanuele III, que había abdicado en su hijo el 9 de mayo de 1946).

Ante el referéndum, salvo los liberales, monárquicos, en su mayoría, todos los demás partidos de peso se habían pronunciado por el cambio de forma de gobierno. La Democracia Cristiana, por ejemplo, en el congreso celebrado en abril de aquel año, se había inclinado por la República. (Votaron a su favor el 73 por ciento de los delegados). La Iglesia, por su parte, se había declarado neutral, manifestando su más completo desinterés por la alternativa institucional.

Con las acusaciones de complicidad con el Fascismo y de responsabiblidad en la guerra, sonaban contra la forma monárquica, argumentos teóricos: la inactualidad de la institución en un mundo donde la representatividad política debía alcanzar incluso a las más altas magistraturas del país. La República se presentaba como el gobierno más de acuerdo con la lógica de los tiempos, aparte de contar con cierta tradición: Garibaldi, Mazzinifi etc. Sin embargo, como ocurre siempre en este tipo de consultas políticas directas, el peso de las razones teóricas eran mínimo. Pesaban las emociones. «El destino de los Saboyas —ha escrito un documentado historiador-periodista, Doménico Bartoli— fue decidido por el contraste de millones de opiniones que tenían su raíz en el sentimiento, fuese de repugnancia o de devoción, más que en el frío razonamiento político. Así la República surgió más que por su propia fuerza, por la debilidad y el declive de la institución opuesta».

El referéndum convocó a veintiocho millones de italianos. La República venció por 12.717.000 votos contra 10.719.000. Los primeros datos llegados a manos del ministro del Interior, procedentes del Sur, daban preponderancia a la monarquía. Por unos momentos Giuseppe Romita pensó que tenían razón los comunistas que habían luchado para que se sustrajese al pueblo tal elección, confiándola, en cambio, a la Asamblea Constituyente, que se elegía a la vez del referéndum. Pero el recuento final de votos dio paso al triunfo de la República. Guido Gonella, autorizado exponente de la Democracia Cristiana, que en el fondo representaba el rencor de los católicos contra los Saboyas, usurpadores del Papado, se regocijaba en las páginas de «II Popolo», órgano oficial del Partido: «Italia se ha liberado de la monarquía sin Bastilla ni guillotina».

* * *

Ahora el 12 de mayo de 1974 era distinto, porque el sí o el no al divorcio, —que en la papeleta del referéndum era un no o un sí a la derogación de la ley Fortuna-Baslini (la pregunta formulada al elector era: «¿Queréis que sea derogada la ley 1 de diciembre de 1970 núm. 898, Disciplina de los casos de disolución del matrimonio?»)— no tocaba ni a la cuestión de las formas de gobierno ni a las estructuras del régimen ni siquiera a la fórmula política del centro-izquierda. Se debatía un tema humano, civil, que no afectaba a las creencias políticas del pueblo italiano, aunque, eso sí, condicionase el futuro de la sociedad italiana.

XX. TRES AÑOS DE DIVORCIO

En vísperas del referéndum se publicaron datos muy concretos sobre la aplicación de la ley Fortuna-Baslini desde 1971, que demostraban palpablemente que los italianos habían hecho un uso prudente del divorcio. Parecía como si los afectados por discordias matrimoniales hubiesen hecho caso a Giulio Monelli, un abogado especialista en causas de este tipo, quien a finales de 1970 había escrito: «Para comenzar hay que decir que el divorcio no es una pastilla de aspirina que los italianos habrán de tomar apenas perciban los primeros síntomas de un resfriado conyugal. Es, por el contrario, una medicina para los casos particularmente graves, que se vende o debe venderse sólo mediante prescripción médica.»

La estadística a que me refiere se publicó casi un mes antes del referéndum, el 20 de abril. Hay quien asegura que los antidivorcistas, o más concretamente «los altos mandos» de la Democracia Cristiana habían hecho lo posible para que no fuese conocida. Pero el Instituto Central de Estadística no hizo caso y la información se difundió. Uno de sus cuadros decía así:

	Demandas presentadas			Demandas acogidas	
Años	*Número*	*Porcentaje*	*Por millón de habitantes*	*Número*	*Porcentaje*
1971	55.615	60,3	102,7	17.134	25,7
1973	15.301	23,1	39,–	32.627	49,–
1972	21.272	16,6	27,7	16.880	25,3
Total	92.188	—	—	66.641	—

Se observa, salta a la vista, que de las demandas presentadas en los tres primeros años de rodaje del divorcio, en total 92.188, el 60,3 por ciento «entraron» en 1971 (en realidad, ya en diciembre de 1970, fueron presentadas algunas, pero la estadística las incluye como si pertenecieran a 1971). Tal aluvión se explica porque cobraron vida judicial conflictos matrimoniales acumulados de... «siglos». En cambio, en 1971 se concedieron menos divorcios que en 1972, por una simple razón; los tribunales no fueron capaces de despachar, en un año, la totalidad de las demandas presentadas. En cambio, en 1973 ya disminuyeron sensiblemente con relación a 1972, tanto el número de divorcios planteados como el de sentencias dictadas.

Por regiones, las más divorcistas resultarán Liguria, Friuli, Venecia Julia (donde había existido el divorcio hasta 1929), Lazio, Piamonte, Valle de Aosta, Sicilia (la influencia de los matrimonios deshechos por la emigración del marido a los países de la Europa Central: Alemania, Suiza...) y Lombardia. Las medias más bajas se registraron en Umbria (que luego daría altos porcentajes divorcistas en el referéndum), Nolise, Basilicata, Cerdeña y Marca.

Dato importantísimo: el 63,1 por 100 de los divorcios concedidos correspondían a parejas que contrajeron matrimonio antes de 1951.

En cuanto a la duración de la convivencia de las parejas divorciadas fue: en el 24,4 por 100 de los casos inferior a cuatro años; en el 43,4 por 100 entre cuatro y diez años; en el 32,2 por 100, de más de once años.

La estadística puso de manifiesto que el divorcio no «era cosa de ricos». El 38,25 por 100 correspondía a matrimonios de la clase media; el 30,30 por 100 eran parejas compuestas por empleados u obreros de diversa condición.

Más detalles: El 76 por 100 de los divorcios correspondían a parejas separadas desde hacía más de veinte años. Sólo el 1,89 por 100 correspondían a matrimonios rotos de menos de nueve años. Casi la mitad de los casos, el 46,34 por 100 correspondía a separados de hecho; un 37,71 por 100 a separados consensualmente (con separación homologada por los tribunales).

Otra cifra significativa, según los divorcistas. La Ley Fortuna-Baslini no alentaba las crisis matrimoniales: el 70 por 100 de los divorciados tenía una edad superior a los 40 años; el 1,42 por 100, menos de veinticinco años.

El 38,4 por 100 eran parejas sin hijos; el 45,48 por 100 de los hijos afectados por pleitos de divorcio tenían edad superior a los quince años; el juez pudo, por tanto, interrogarles.

En fin, en el 33,65 por 100 de los casos la iniciativa del divorcio había partido de la mujer; este dato parecía indicar la desconfianza femenina a la hora de utilizar éste instrumento de ruptura. En el 84,27 por 100, los tribunales pudieron apreciar que la responsabilidad del fracaso del matrimonio se debía a ambos cónyuges; el «resto» se repartía entre la responsabilidad del marido (7,26 por 100) y la mujer (8,47 por 100). Conviene tener presente sin embargo, que en las separaciones consensuales o de hecho, los cónyuges de manera «elegante» procuran, para no remover las mutuas heridas, echarse a sí mismo la culpa.

* * *

Ante tales datos estadísticos la propaganda antidivorcista señaló como en todos los países del mundo «el divorcio crea divorcio». «Es como una bomba, decía uno de los carteles más difundido, que estallará dentro de diez o doce años.»

Y para demostrarle indicaban como desde la aparición de la Ley habían aumentado considerablemente las separaciones judiciales (las únicas que serviría en el futuro). A tal indicación los divorcistas replicaban asegurando que el divorcio se estabilizaría en Italia a razón de unas diez mil sentencias por año. Lo que no es mucho —según ello—, en un país donde se celebran unos 400.000 matrimonios por año.

Es indudable que en todos los países del mundo los divorcios han ido aumentando conforme pasaban los años, hasta el punto de registrarse en muchos de ellos una revisión para hacer «más difícil» la ruptura vincular. Según las estadísticas en los Estados Unidos, los divorcios pronunciados en 1963 fueron 428.000, en 1972 sumaron 839.000. En Bélgica, a lo largo de un siglo, el número de divorcios se multiplicó por 155, mientras los matrimonios apenas se doblaron. En los países divorcistas europeos, en los últimos sesenta años, mientras disminuía el número de matrimonios (del 7,9 por mil habitantes, en el cuatrienio 1906-1909, se pasó en el bienio 1965-1966 al 7,2 por mil habitantes) aumentaron los divorcios, pasando del 0,2 al 0,9 por mil habitantes.

[illegible] el [illegible] por [illegible] de los [illegible] [illegible]

[illegible] de [illegible]

[illegible] dos años [illegible] de [illegible]

[illegible] de [illegible]

[illegible] el [illegible]

XXI. CAMPAÑA ELECTORAL

La campaña electoral del referéndum se abrió oficialmente en Roma, en el Teatro Adriano, con un discurso de Loris Fortuna. Luego se sucederían en la capital otros mítines, al aire libre. En la *Piazza del Popolo*, allí donde una lápida recuerda cómo dos carbonarios fueron ajusticiados «en el Año del Señor... de 1825» por conspirar contra el Papa... hablaron Amintore Fanfani (fue un acto jubiloso con pancartas, banderas, bandas de música y retratos del secretario de la Democracia Cristiana) y luego, otro día, Giorgio Almirante, secretario del Movimiento Social Italiano, y, en fin, para cerrar la serie, los grandes «notables» del frente laico: Pietro Nenni, Giuseppe Saragat, Ugo La Malfa y Giovanni Malagodi. Deliberadamente se excluyó la participación comunista (Enrico Berlinguer, el secretario del PCI había tenido mala suerte, porque su discurso, que iba a tener por escenario Piazza Navona naufragó en una de esas tardes primaverales romanas, que desatan las cataratas del cielo) —para no dar la razón a quienes —como hacían los activistas del MSI— identificaban el voto a favor del divorcio con un sufragio por el comunismo. Recuerdo una fotografía de los cuatro «grandes» del divorcio, cogidos de la mano, como si fueran cuatro mosqueteros que se jurasen recíproca fidelidad, al grito de «uno para todos y todos para uno».

* * *

El tema del divorcio ocupó con primacía las grandes «sábanas» de los periódicos italianos. Se pagaron importantes sumas por la publicidad «oficial», inserta a veces con notas al pie que advertían, cuando se trataba de argumentos contra el divorcio, que «aquello» era «de pago» y que no reflejaba la voluntad divorcista de la redacción del diario o de la revista.

Se bromeó en los teatros-cabaret sobre el referéndum. Siempre, claro está, arrimando el ascua a la sardina divorcista porque el antidivorcismo tenía «poco público». Recuerdo, por ejemplo, algunas historietas escenificadas, representadas en *Il Carlino* de Roma. Una señora enjoyada justificaba su adversión a la ley Fortuna-Baslini. Decía: «En casa todo el mundo votará contra el divorcio. Yo. Mi marido. Mis criados... y hasta mis amantes. Pues... ¡no faltaba más!»

Luego aparecía una chica de pueblo, que aseguraba: «Yo votaría por la derogación de esa ley. Me lo ha dicho el cura. Nada de divorcio. Que eso es un pecado. Ha insistido muchísimo. Después... se ha vestido y se ha ido.»

En fin, una viejecita gruñona, se declaraba también contraria al divorcio. «¿Por qué?», le preguntaba a coro el público. «¿Por qué... quieren usted que sea? Yo he aguantado a mi marido cincuenta años... Y ahora los jovencitos quieren liquidar la cosa, si les sale mal, en veinticuatro horas. Ni hablar. A fastidiarse.»

* * *

El famoso novelista Leonardo Sciascia contó en un artículo, titulado «Divorcio a la italiana», la reacción de una anciana que asistía a un mitin divorcista en un pueblo perdido de Sicilia. «El orador, relataba, trata de ser fácil y persuasivo. Presenta casos, ejemplos, que demuestren de manera tajante la necesidad del divorcio. Entre los que escuchaban, en primera fila, una vieja dispuesta a dar guerra. Seca, inflexible, agresiva. Primer caso: la mujer que traiciona al marido. ¿No es necesario el divorcio? No, interviene la abuelita. Basta matarla. ¿Y si es el marido el que traiciona habitualmente a la esposa, si el marido se ha creado otra familia? Se mata, dice la vieja. ¿Y cuando una mujer descubre que se ha casado con un impotente? Ha sido un engaño, interrumpe la anciana. Por tanto..., se le liquida. El auditorio lo está pasando en grande, ante ese duelo oratorio. El propagandista de la Ley Fortuna-Baslini va presentando las situaciones más desesperadas y siempre le sale al paso la misma réplica de la señora: se mata, se mata. Por último, echa mano del incesto, como causa del divorcio. ¿Y en este caso, pregunta a la vieja, qué se hace? ¿Se mata también al padre que ha abusado de la hija? Y la anciana, rápida, contesta: primero se organiza en casa una gran fiesta, para despistar a la gente. Luego, se mata al padre y en paz.»

* * *

La propaganda más intensa a favor del divorcio la llevan adelante los comunistas, porque tienen miedo de su electorado femenino. Temen que, sobre todo en los pueblos, las mujeres que habitualmente, por convicciones propias o por seguir al marido, o al novio, votan a favor de las candidaturas de la hoz y el martillo, esta vez fallen. De ahí que organicen una campaña capilar, de divulgación de la ley, para quitar el miedo a «las compañeras», a quienes hace mucha mella la propaganda adversaria insistente en el desamparo de la divorciada, porque la sentencia de divorcio la deja sin asistencia médico-farmacéutica, sin derecho a pensión alguna cuando el ex marido muere.

Los comunistas utilizan los medios audiovisuales más persuasivos. Películas, cintas magnetofónicas con explicaciones de casos prácticos, video-casetes, etc. Luego explican, hasta la saciedad, cómo se ha de votar, porque advierten que, tal como está preparada la papeleta, resulta facilísimo equivocarse y poner la señal, la equis, en donde se lee «sí». Porque el «sí» y el «no» es a la abrogación de la Ley; pero como hay que poner una cruz encima, alguno puede pensar que si hace tal signo «tacha» esa palabra y vota «por la contraria» *.

* * *

La RAI-TV plantea la campaña divorcista bajo una sola preocupación: aparecer neutral. Dosifica, por tanto,

(*) El corresponsal en Roma de la agencia EFE, José Luis Martínez, dispuso, en vísperas del referéndum, una encuesta, para determinar hasta qué punto el hombre de la calle estaba al tanto de lo que significaba votar sí o no. Comprobó cómo la colocación de la señal suponía ya, para muchos, un problema; además, la palabra «abrogación» para algunos tenía un significado contrario. Hubo quien respondió que abrogación era «la ofrma técnica» de aprobación.

las intervenciones de divorcistas y antidivorcistas, de forma que sumando «los tiempos» nadie pueda deducir ventaja alguna en favor o en contra de la Ley Fortuna-Baslini. Los representantes del Comité Pro-Referéndum y de los partidos democristiano y «misino» se baten dialécticamente con los del frente laico, bien directamente, bien a través de conferencias de prensa, que no siempre resultan entretenidas.

En los diarios servicios informativos —Televisión y Radio— se crea «un espacio» para recoger, siempre con idéntico criterio de imparcialidad, las noticias sobre la campaña del referéndum, las referencias de los mítines y reuniones.

El escrúpulo de la RAI-TV llega a extremos ridículos, sin embargo. No se sabe si por casualidad o queriendo, a Gigliola Cinquenti, sus mentores discográficos le preparan para el festival de la Eurovisión, una canción titulada «Sí». No tiene, por supuesto, nada que ver con el referéndum, pero temiendo que el motivo se popularice —o tal vez pensando que Gigliola es una chica sana, «al agua y al jabón», que puede influir en muchos—, se decide demorar la transmisión, no dar en directo el reportaje del Eurofestival. Y así, los italianos hasta un mes después del referéndum no tendrán ocasión de ver a Gigliola decir eso de «Si tus labios dicen... sí» *.

Para mejor ayudar al público a votar, lo que sí hace la RAI-TV es presentar durante varios días muñecos animados que explican una y otra respuesta, desentrañando el significado de la palabra «abrogación».

(*) La RAI-TV llegó, en las semanas que precedieron al referéndum a otros extremos no menos ridículos del reseñado: se evitó, incluso en las películas presentadas, cualquier alusión a la felicidad o el desacuerdo matrimonial. Nada de presentar familias felices y unidas, subrayando el clima de amor reinante; nada de aludir, como solución civil, al divorcio. Las tijeras del censor se cargaron diálogos de films italianos y extranjeros, ya conocidos. Se aplazaron obras de teatro que contenían moraleja a favor o en contra de la armonía conyugal. Se suprimieron programas como «Se habla tanto de ellos...», porque protagonizados por niños, podían ayudar a quienes argumentaban que el divorcio dejaba en el desamparo a los hijos. En el espacio «Rischiatutto» (un programa de adivinanza, animado por Mike Bongiorno) se evitó la conexión directa con la familia «premiada», a la que tocaba identificar varia voces célebres, ganándose, en tal caso, hasta medio millón de liras. En vez de presentar un matrimonio con su contorno de hijos, nietos, etc., se conectó con clubs y peñas, para no ofrecer el cuadro familiar sonriente y feliz.

SI al
DIVORZIO

G.A.U. POSTELEGRAFON

IO
PORTO
LA LEGGE

A veces la propaganda divorcista cobraba aires de carnavalada...

En el curso de una manifestación divorcista, Fortuna y Baslini, responden a las aclamaciones de sus «seguidores».

Un grupo de manifestantes a favor del SI.

Si
alla famiglia

Un batallón femenino de la Democracia Cristiana, desfila con ocasión de una manifestación antidivorcista.

En general, se notó que mientras los divorcistas eran muy rotundos en sus argumentos, los defensores de la estabilidad matrimonial parecían menos seguros de sus razones. Resultaba difícil encontrar gente famosa que estuviera dispuesta a proclamar su «sí», mientras abundaban las celebridades del mundo de las artes y de las letras, del cine y de la canción celosos de su «no».

El Comité Pro-Referéndum lanzó un cartel antidivorcista del campeón de esquí Thoeni... Los Comités Cívicos, en sus publicaciones, reunieron a algunas figuras populares del deporte —Gimondi, el campeón ciclista, por ejemplo— que se declaraban contrarios a la Ley Fortuna-Baslini. Pero... ¿qué significaban esas excepciones honorables frente a la avalancha de famosos que decían «no», que cantaban o actuaban en festivales del «no»?

Muy a última hora se organizó en Roma, en un teatro, una reunión antidivorcista, un tanto vergonzante, puesto que se anunció como «Jornada en defensa de la familia», sin casi hacer alusión al divorcio. Allí se dieron cita algunos actores y actrices del cine, del teatro y de la televisión que más que atacar al divorcio enaltecieron los valores espirituales y sociales de la familia. Poca cosa, en fin.

* * *

En vísperas del referéndum —exactamente el 21 de febrero de 1974— el llamado Consejo de la permanente de la Conferencia Episcopal italiana, formado por una treintena de prelados, representantes de las varias regiones italianas y por los componentes de las diversas comisiones internas, hizo pública una nota, que resumía el parecer del episcopado italiano.

Textualmente decía:

> «El Consejo permanente de la Conferencia Episcopal italiana, en coherencia con cuanto los obispos italianos han afirmado siempre, unánimemente, considera su deber dar, a cuantos quieren vivir en el espíritu del Evangelio las actuales vicisitudes de nuestro país, una orientación doctrinal y una directriz pastoral acerca de la familia y de la indisolubilidad del matrimonio.
>
> 1. *El matrimonio es por naturaleza indisoluble.*
>
> A la luz de la Palabra de Dios, la Iglesia ha en-

señado constantemente que el matrimonio es indisoluble, no sólo como sacramento, sino incluso como instituto natural.

Sólo, en efecto, una mutua donación personal y perenne de los cónyuges garantiza a la familia la meta de su interior plenitud y el cumplimiento de su función social, sobre todo educativa.

2. *La familia unida es necesaria al bien de la sociedad.*

La fidelidad de los cónyuges a su empeño de amor recíproco y de dedicación a los hijos es un bien irrenunciable de la convivencia humana y constituye una expresión auténtica de libre elección y de civilización. Por eso el Concilio Vaticano II, que ha hecho un valeroso parangón del mensaje evangélico con las culturas de los pueblos y las experiencias de las naciones modernas, no ha vacilado en denunciar el divorcio como una *plaga* social, por sus ruinosas consecuencias de cara al matrimonio, a la familia y a la sociedad («Gaudium et Spes», 47).

3. *El cristiano, como ciudadano, tiene el deber de proponer y defender su modelo de familia.*

El cristiano, como todos los otros ciudadanos, debe participar responsablemente en la construcción de un recto orden civil y «empeñarse para que las leyes correspondan a los preceptos morales y al bien común». (Decreto «Apostolicam Actuositatem». 14).

Esta participación, siempre necesaria, resulta más urgente cuando los valores fundamentales de la familia se ven insidiados por una ley permisiva que, de hecho, llega a favorecer al cónyuge culpable y no tutela, adecuadamente, los derechos de los hijos, de los inocentes, de los débiles.

En tan grave circunstancia nadie puede asombrarse si los pastores cumplen su misión de iluminar las conciencias de los fieles, y si éstos, conscientes de su derecho-deber defienden la unidad de la familia y de indisolubilidad del matrimonio, sirviéndose del instrumento constitucional del referéndum.

4. *Enfrentamiento civil y empeño permanente.*

Un leal enfrentamiento de ideas sobre los principios y sobre los valores de la familia no puede

ERO
IU
MODERNO
DELLA
CASSAZIONE

ER PAPA
PORTA DU CHIAVE PE DACCE L'AVVISO
CHE QUA LUI OPRE E LUI SERRA BOTTEGA.
VO' DI' CHE LUI COMMANNA E SE NE FREGA,
AR MONNO IN PURGATORIO E IN PARADISO.
Pasquino

Otros relieves anticlericales de la campaña divorcista.

También la mutilada estatua de «Pasquino» (que en otros tiempos recogió los epigramas anónimos contra el poder del Papado) sirvió de sostén a sonetos, en dialecto romano, donde irreverentemente se recordaba como el Papa «que no quiere casarse» tiene jurisdicción para casar y «descasar» a los demás, en virtud de las llaves que simbólicamente le fueron confiadas por San Pedro.

En plena campaña divorcista, la Liga colgó este cartel del brazo de la estatua de Cicerón: «Yo fui, se lee, más moderno que el Tribunal de Casación» (Se refería a la sentencia del Tribunal Supremo que daba paso al referéndum contra la ley Fortuna-Baslini.)

para nadie convertirse en pretexto para una guerra de religión.

Los obispos, por su cotidiano contacto con sus respectivas poblaciones, no ignoran las crecientes dificultades que hoy se plantean a muchos y sabe que el referéndum por sí solo no puede resolver los problemas de la familia italiana.

Por eso consideran urgente que todos los hombres de buena voluntad se pongan de acuerdo para una sabia reforma del derecho de familia y para tutelar el bien de la familia misma, mediante el resaneamiento de las costumbres y una orgánica política social.

En el ámbito de la acción pastoral, los obispos se empeñan, junto con sus comunidades, a promover los auténticos valores del matrimonio como comunidad de vida y de amor, para reforzar sobre todo, desde el interior, el instituto familiar».

No faltaron, como es natural, constrastantes comentarios al documento de la C.E.I. Para una buena parte de la prensa laica se trataba de una ingerencia lamentable de la jerarquía eclesiástica en un problema italiano. Se recordaba que el Concordato prohibía a la Iglesia meter la nariz en las cuestiones políticas. Sin embargo, no faltaron tampoco quien calificara el documento de inoperante y falto de rigor.

Los periódicos interesados en rechazar la supuesta ingerencia del episcopado, jugaron con la actitud de algunos ilustres prelados italianos como el cardenal Pellegrino, arzobispo de Turín, o monseñor Baldasarri, obispo de Ravenna. Del primero se dijo que había abandonado la reunión, celebrada en la nueva sede de la C.E.I., en la Via Aurelia, de Roma, antes de que se aprobase el documento.

Inmediatamente, frente a la precisa toma de posición de la C.E.I. surgieron interpretaciones hostiles y divagatorias, dentro del campo católico *. La revista *Famiglia*

(*) La confusión en el mundo católico comenzó a manifestarse, casi inmediatamente después de la aprobación de la ley del divorcio. Al comienzo de 1972, en una titulada «comunidad católica de base», de Conversano, en la provincia de Bari, un sacerdote, en la «concelebración» de un matrimonio «anticoncordatario» (pronto se extendió esta ceremonia *sui generis*, que se presentaba como protesta al «conformismo» de la Iglesia),

Cristiana, el semanario católico de mayor tirada, en Italia —millón y medio de ejemplares; más de cinco millones de lectores— acogió en sus páginas una opinión del teólogo padre Bernard Haering, profesor de Moral, del «Alphonsiaum» de Roma, donde, en respuesta a la carta de un lector, que expresaba sus *dudas* y *tormentos* a propósito del referéndum, decía lo siguiente:

> «Nuestras discusiones e incluso el referéndum pueden ser una coartada, una especie de autojustificación, después de haber descuidado tantas cosas que se habrían podido hacer para garantizar una mayor estabilidad del matrimonio. Si en el campo eclesial, canónico y pastoral es inevitable una cierta diversidad de opiniones relacionadas con cuestiones y realizaciones concretas, más inevitable es todavía un cierto pluralismo de decisiones concretas en el campo político. Por tanto, me parece bastante normal que se encuentren entre los creyentes, incluso entre los más sinceros y empeñados, diversidad de opiniones sobre el modo de comportarse en el referéndum. Nuestro diálogo y nuestra presencia en la vida política deben ser testimonio de madurez, de discernimiento y de serenidad».

---

dijo a los contrayentes que, previamente, habían contraído nupcias por el rito civil: «El matrimonio es algo que interesa solamente a dos seres humanos que se aman y se comprenden. Pero para amarse y comprenderse no basta una función religiosa o civil: es la vida, son las experiencias de largos años, son las alegrías y las fatigas de la familia las que templan los caracteres de los esposos y les unen incluso espiritualmente. Si vosotros dos un día decidiérais separarse, también tal separación sería algo que interesaría solamente a vosotros, a vuestras personas, a vuestras conciencias. Sería un hecho de libertad que deberá ser siempre salvaguardado.»

En tanto, la revista católica más leída de Italia «Famiglia Cristiana», que se vende en las sacristías, seguía presentando «la felicidad conyugal» de los divorciados «ilustres». De Sofía Loren, por ejemplo, se hablaba como de «una esposa feliz y pía», que vive con un marido (divorciado), que espera de Dios «más hijos», que ayuda a los misioneros, regala crucifijos, etc. A Roberto Rosellini se le presentaba como «un bune padre de familia», que tiene a su primera mujer, como «colaboradora» en sus tareas cinematográficas y televisivas, que vive con su tercera esposa, que mantiene cordiales relaciones con la segunda (Ingrid Bergman)... Al industrial alemán Rosenthal *Famiglia Cristiana* le presentaba como «un buen católico», que peregrino en Roma, «con su quinta mujer», que no se atreve, «por humildad», a pedir audiencia al Santo Padre, aunque no falta algún monseñor de la curia que le anime a solicitarla». Y así... sucesivamente.

Pero el ataque más abierto y claro contra el documento del Episcopado italiano vino del grupo «Con los católicos de la contestación, con el monje benedictino Dom Franzoni a la cabeza, y de los llamados católicos «democráticos».

Dom Franzoni había sido durante varios años Abad de una de las cuatro basílicas madres de Roma, la de San Pablo Extramuros, y había instalado allí, junto a la tumba del Apóstol de las Gentes, una comunidad agresiva, que aparte de practicar una liturgia, a base de guitarras eléctricas y predicas subversivas, había creado una especie de parroquia-soviet, donde se discutían, bajo la guía de tal «moderador», sobre la guerra del Vietnam, el antifascismo, Nixon y los gastos del Ministerio de Defensa.

La actitud de Dom Franzoni, apenas se convocó en serio el referéndum, fue de clara oposición a las indicaciones del Episcopado italiano. En un folleto editado por COM *, titulado «Mi reino no es de este mundo», después de ofrecer una historia «completa» del integrismo católico y «de sus consecuencias», desde Bonifacio VIII a hoy, pasando por el proceso de Galileo y las encíclicas de León XIII y de Pío XI, abordaba el tema del amor humano para terminar metiéndose de lleno en la cuestión de la indisolubilidad del matrimonio. Decía: «Se afirma en la notificación de la Conferencia Episcopal Italiana, que la Iglesia ha sostenido siempre la indisolubilidad del matrimonio, incluso como instituto natural. Pero si una cosa está clara, a lo largo de la historia de la Iglesia y en nuestros días, es que la jerarquía, a través de algunos organismos curiales y por mandato del Sumo Pontífice, siempre admitió y practicó la *disolubilidad* del matrimonio como instituto natural. Recordemos sólo el privilegio paulino, una modalidad para disolver el matrimonio, que todavía hoy el Código Canónico recuerda». Luego, ocupándose de la declaración de nulidad, añadía:

(*) COM, las tres primeras letras de «Comunidad» es el título de una publicación nacida al amparo de los entusiastas seguidores del entonces abad de San Pablo, Dom Giovanni Battista Franzoni. Durante la campaña electoral del referéndum lanzaron carteles y folletos en abundancia para promover el voto contra la abrogación. Entre ellos se cuenta «Mi reino no es de este mundo», un extenso documento del monje benedictino, presentado como «una respuesta a la notificación de la Conferencia Episcopal italiana sobre el referéndum».

«Otro problema que no se puede eludir es el de la llamada Sagrada Rota, un tribunal de la Curia romana que es competente para declarar la nulidad de algunos matrimonios. Técnicamente no se trata de conceder el divorcio, sino de declarar que cierto matrimonio jurídicamente no ha existido, por un vicio de origen. Si en teoría hay una diferencia sustancial entre las dos cosas, de hecho muchas veces las declaraciones de nulidad de la Sagrado Rota son equiparables a los divorcios: tan extraños son los motivos que permiten la declaración de nulidad, tan tortuoso es el camino legal para llegar, tan elásticos son los criterios para establecer el confín entre el acto válido y el acto nulo... que obliga a pensar en una clara contradicción entre la Rota y el anuncio bíblico sobre el matrimonio y el poder de la Iglesia».

Justificaba Dom Franzoni su no a la abrogación de la ley Fortuna-Baslini, diciendo que interpretaba así, «la responsabilidad política de los católicos, a la luz de la fe de Cristo». «De frente al referéndum del 12 de mayo, añadía, no se puede ignorar que, contrariamente a cuanto algunos quieren hacernos creer, la puesta en juego no es ciertamente la estabilidad de la familia.» «Sólo las conciencias ingenuas, y no políticamente formadas, insistía, pueden creer que con un *sí* puesto sobre una papeleta electoral se pueden cancelar las culpas de casi treinta años de poder en manos de un partido que se autoproclama cristiano. Con un *sí*... en efecto, los emigrados que en el mediodía del país abandonaron a mujer e hijos, no vuelven de Alemania o de otros países del Norte, para recomponer la lacerada unidad de la familia; con un *sí* el obrero que por tener que trabajar fuera de su ciudad y que se pasa catorce horas fuera de casa y ver crecer a sus hijos como extraños, bajo el mismo techo, no conquistará una más eficiente política de transportes o un puesto de trabajo más cercano al lugar de residencia; con un *sí* el ama de casa no recuperará la dignidad de trabajadora, sino que perpetuará su papel ilusorio que le hace creer que educa a sus hijos sólo porque no les falta la camisa bien planchada; con un *sí* la joven pareja que inicia su vida matrimonial no se garantiza el hecho de que el sistema capitalista tenderá a transformar la relación de amor en un contrato y a proponer continuamente los mitos del consumismo y del prestigio serial, funcional a la lógica del mercado.»

Dom Giovanni Battista Franzoni no se limitó a publicar esa especie de «encíclica» divorcista; participó en numerosas reuniones, animando siempre el «no» contra la derogación de la ley. En uno de los mítines celebrados en Roma, dijo: «El divorcio no destroza la unidad de la familia, porque cuando llega la familia no existe ya. A este punto el divorcio es un bisturí necesario.» En otra ocasión, rebatiendo la tesis del matrimonio-sacramento, afirmó: «No se pone en discusión el sacramento, sino el modelo de una familia que se confronta con la sociedad de la que forma parte.» No hará falta decir el especial relieve que a tales declaraciones daba *Paese Sera*, el periódico filocomunista romano de donde se toma esta referencia.

* * *

Por parte de los llamados católicos «democráticos», la propaganda a favor del no contaba con el altavoz de «la gran prensa». Uno de los animadores de este grupo era el escritor católico Raniero La Valle, tenaz y coherente —hay que reconocerlo, en su honor— en la batalla por el desempeño de la Iglesia de todas las empresas políticas que no sean la de aparecer de la mano del marxismo. En un artículo titulado «De frente al divorcio», La Valle había escrito ya, cuando fue aprobada la ley Fortuna-Baslini, en el Parlamento italiano: «Ahora que la cuestión del divorcio se ha consumado, ha llegado el momento de que la Iglesia encuentre su verdadera misión, respecto al matrimonio, que no es otra que la de la evangelización. Y cuanto más aprisa la encuentre, tanto más su actual derrota podrá convertirse en una oportunidad nueva, en una ocasión de gracias para muchos.» «Por otra parte, continuaba, no es extraño que la Iglesia no sepa conducir y pierda una batalla parlamentaria. Estas cosas no las sabe hacer porque no son suyas. Lo suyo es anunciar el Evangelio, para que toda realidad humana sea transformada desde el interior, y no uniformada desde el exterior por el camino de un corto circuito legislativo.»

Ya entonces, diciembre de 1970, Raniero La Valle advertía, refiriéndose al referéndum: «La discriminación entre el sí y el no, en un eventual referéndum, no será religiosa, sino civil y política. Por tanto, los católicos no estarán todos de la misma parte: la línea divisoria —y podría resultar lacerante— no pasará sólo dentro de la sociedad italiana, sino dentro de la comunidad cristiana italiana.» «Todos los católicos, escribía en otra ocasión, creen en el valor religioso del matrimonio indisoluble. No todos creen que tal valor deba ser, en cualquier circunstancia, cubierto de las garantías jurídicas de los poderes estatales.» En fin, La Valle anunciaba algo que se cumpliría después: «Quien crea en fáciles movilizaciones, probablemente se equivoca sobre el significado de la unidad que los católicos han mostrado hasta ahora en este terreno, y presume que le será posible administrarla de manera caprichosa. En efecto, la variedad de posiciones legítimamente presentes entre los católicos de frente al problema del divorcio, no se ha manifestado en forma clamorosa durante la larga batalla parlamentaria. La preocupación de no debilitar un frente ya bastante frágil, ha hecho callar muchas voces disidentes. Pero esta situación privilegiada no podrá reproducirse en el caso de una consulta popular, cuya moral consiste, precisamente, en la asunción de parte de cada uno de una entera responsabilidad.»

Hay que reconocer que Raniero La Valle, con tres años de anticipación, adivinó lo que iba a ocurrir en la primavera de 1974 *.

* * *

(*) El teólogo español José María González Ruiz, en un artículo publicado en *Il Mondo,* 2 de mayo de 1974, con el título «El verdadero pecado original», escribía:

«... yo no comprendo por qué se mezcla la indisolubilidad del matrimonio con una ley del divorcio. Incluso en los manuales más ortodoxos de teolgía se subraya que *el ideal* del Creador es un matrimonio indisoluble, pero precisamente por *la dureza del corazón humano* (Mateo, 19.8), el mismo Dios ha permitido el divorcio. O sea: el matrimonio indisoluble es el ideal del proyecto divino; pero el divorcio, un cierto divorcio, es el remedio de la inevitable patología conyugal. Este es el sentido obvio y literal del texto del Evangelio de Mateo».

«Cuando nosotros los cristianos defendemos la indisolubilidad del matrimonio nos referimos a la indisolubilidad *intrínseca,* es decir, el amor no es un juego libre que se toma o se da de manera arbitraria. Pero, por desgracia, el amor, como tantas otras realidades humanas, también puede sucumbir al ritmo de la patología: se enferma y... muere. La misma Iglesia, comprobado el hecho de la defunción del amor, da el formal documento, trámite la separación legal. Y éste es, precisamente, el momento de curar la plaga, quizá con instrumentos ortopédicos, como es el caso de la ley Fortuna. Sería una especie de prótesis del amor fallido.»

Las iglesias no católicas —tanto las encuadradas en la Federación Evangélica, como los grupos no controlados (los Testigos de Jehová, son sesenta mil y se mantienen al margen de aquella), fueron tomando posición a favor del divorcio, sin gran entusiasmo. Quizá porque numéricamente son pocos —algo más de trescientos mil fieles en toda Italia—, aunque hay comunidades como la Valdese de indudable peso en la vida cultural y política del país.

Para la Iglesia Valdese, según me refería uno de sus pastores que por haber ejercido en Argentina, se expresaba por cierto, en español, el matrimonio no es un sacramento propiamente dicho. Ellos no admiten más —de los siete establecidos por la Iglesia Católica—, que el Bautismo y la Eucaristía. No obstante, consideran que el matrimonio es una institución que merece la bendición de Dios. Pero si se rompe —y tal ruptura es siempre un suceso doloroso para la comunidad— se debe facilitar a los esposos la posibilidad de pasar a nuevas nupcias. Lo demás se deja a la misericordia del Señor.

«La nueva unión, ha descrito un teólogo valdense, puede manifestarse como un don misericordioso de Dios, que perdona el pecado y da la posibilidad de una vida nueva. La comunidad cristiana no puede sino desde la cura de almas, mediante el anuncio de la palabra de Dios, que es palabra de juicio y de gracia: la comunidad no podrá pensar que interpreta autorizadamente la voluntad de Dios, en los propios reglamentos, hasta el punto de dar un juicio general, infalible, igual para todos, pero ayudará, de vez en vez, a las personas interesadas a discernir cual es el juicio de Dios.»

En resumidas cuentas, la segunda boda de los divorciados podrán ser acogidas por la comunidad, como «deseadas por la voluntad de Dios», con la alegría con la cual se reciben los signos de la misericordia divina y soberana, sin discriminación de ningún género hacia las personas que Dios ha llamado a recorrer aquella vía.

Esto no significa que la Iglesia deba instituir una ceremonia de «segunda boda» (porque aunque el matrimonio no sea sacramento, tiene una forma solemne y religiosa) sino que la comunidad ha de aceptar la nueva realidad.

* * *

La comunidad hebraica italiana está formada por unas cuarenta mil personas. Una buena parte procede de aquellas familias judías expulsadas de España por los Reyes Católicos, a raíz de la conquista de Granada. Pero de su pasado sefardi guardan escasos recuerdos. Sin embargo, todavía en algunas ciudades del Norte de Italia —Venecia, Ferrara...— hay sinagogas «españolas». Y en el lenguaje litúrgico íntimo abundan palabras de indudable resonancia hispánica. En Italia, al revés de lo que ocurrió en Bulgaria, en Francia, en Rumanía, en Turquía..., se perdió el idioma de Castilla, por su semejanza con la lengua local. Es lógico. En cambio entre las comunidades sefarditas del Oriente se conservó el castellano, aunque con las naturales desfiguraciones, porque era una «defensa» de la unidad sefardi contra un ambiente no siempre propicio.

Entre los hebreos italianos, de acuerdo con su propia ley religiosa, siempre existió el divorcio. Era, por tanto, natural que el rabino-jefe de la comunidad judía, el doctor Elio Toaff, se mostrase favorable a la anunciada ley, y justificase su opinión, públicamente.

«En la ley hebraica, dijo, el divorcio tiene una tradición que se cuenta por siglos. El tribunal rabínico lo concede regularmente, cuando está demostrada la imposibilidad de convivencia de los cónyuges. Si no existe afecto entre ellos, si los hijos corren el peligro de vivir en un clima de insanable tensión, a causa de las discusiones entre los padres creemos que lo mejor es disolver ese matrimonio, y dejar al marido y a la mujer la posibilidad de pasar a nuevas nupcias, si así lo desean. Asimismo, cuando por razones económicas uno de los cónyuges ha de partir, sin poderse llevar consigo a su familia, la ley hebraica concede la posibilidad de divorciarse, tanto al que se va como al que se queda.»

Según el doctor Toaff, un tipo por cierto muy fiel a la imagen del rabino —lleva una barbita en punta—, «el principio del divorcio hebraico es muy simple: cuando de hecho el matrimonio no existe puede ser jurídicamente disuelto; así lo enseñaba el derecho talmúdico»: «De cualquier forma, añade, en estos tiempos de crisis de la familia, yo tengo que aclarar que los matrimonios hebreos italianos muestran bastante solidez.» El doctor Toaff, que preside el único tribunal talmúdico existente en Italia asegura que al año recibe sólo de tres a cuatro demandas de divorcio. Naturalmente, en la sentencia no sólo se decreta la separación de la pareja, sino también el destino de los hijos y los arreglos patrimoniales, teniendo en

PASTICCERIA
BISOGNA DECIDERE:
PRETI SENATORI

Manifestación divorcista ante el Senado de Roma. «Hace falta decidirse, se lee en el cartel: o, curas o senadores.» Junto al pasquín aparece Marco Pannella, secretario de la Liga Italiana del Divorcio, que en diversas ocasiones practicó la huelga de hambre, para obligar a los senadores a discutir la ley.

MATURITÉ
S PEUPLES
RECONNAIT
SES LOIS
VORCE
ITALIE
DIVORZIO
SUBITO
DIVORCE
=
DROIT
A LA
FAMILLE
5 MILLIONS
D'ITALIENS
ATTENDENT
LE
DIVORCE
DIVORZIO
SUBITO

IL TEMPO
IL TEMPO
DIVORZIO
ISCE
TALIA
EUROPA
DEPUTATI
DIVORZISTI
VI GUARDANO
DEPUTAT
CHI DIS
TRADIS
ON FERRI
ANCHE IN
ISRAELE
C'É IL
DIVORZIO

Los italianos emigrados también organizaron manifestaciones en favor del divorcio. Por las calles de París desfilaron, en vísperas de la discusión de la ley Fortuna-Baslini, manifestantes con carteles divorcistas.

Grupos divorcitas ante la Cámara de Diputados.

LEGA ITA
PER L'ISTI
DEL DIV
5.000.000
DI ITALIANI
VOGLIONO

En 1967, cuando aún parecía incierta la suerte de la ley patrocinada por Loris Fortuna, éste compareció ante el primer Congreso de la Liga Italiana del Divorcio, con un «arsenal» de boletines divorcistas, firmados por lectores del semanario «ABC», que apoyaban, así la propuesta del diputado socialista.

cuenta que en el contrato matrimonial, cada matrimonio, establece antes de la ceremonia nupcial el régimen económico del mismo. En cuanto a los hijos, la ley fija que los menores de seis años se confíen a la madre; los mayores de esa edad irán a vivir con uno u otro cónyuge según consideraciones de justicia y de oportunidad.

* * *

A medida que se acercaba el 12 de mayo se sucedían en los periódicos comunistas o de izquierdas las referencias a los párrocos, que en rebelión con la Conferencia Episcopal —en Roma se decía que eran casi 20 por 100— invitaban a votar no. Saliendo al paso de tal actitud, *L'Osservatore Romano* publicaba a finales de abril una guía catequística de la conferencia Episcopal italiana, sobre los valores del matrimonio cristiano. La nota iba acompañada de una carta del cardenal Poletti, vicario del Papa para la Diócesis de Roma. En ella se decía: «Hay que precisar que los sacerdotes y los religiosos que se expresen diversamente (es decir, apoyando el divorcio) lo hacen ciertamente contra la comunión pastoral con sus obispos no menos importante que la comunión doctrinal.» Por esos días también *L'Osservatore della Domenica,* en un suelto no firmado, pero inspirado por «las alturas» después de hablar de la indisolubilidad matrimonial, confirmada por los concilios, decía que *los católicos democráticos* en abierto desacuerdo con la doctrina auténtica de la Iglesia, se ponen automáticamente al margen de la comunión eclesial.»

Yo recuerdo que, justamente, por esa fecha, intenté conseguir del cardenal Poletti algunas palabras condenatorias de viva voz, para cuantos con cualquier título, desde el bando católico, se pronunciaban a favor del divorcio. El secretario del Vicario de Roma me respondió que el cardenal ya había dicho bastante, y no podía añadir más, sobre todo si yo pretendía una abierta condena contra determinados sacerdotes (efectivamente, yo le pedía un juicio sobre el ex abad de San Pablo Extramuros, Dom Franzoni, por entonces ya suspendido *a divinis,* por sus superiores de la Orden Benedictina), perdía el tiempo. Le respondí, molesto, poco más o menos: «Comprendo perfectamente. Pero dígale al cardenal, que el lunes día 14, por la tarde, podrá comprobar como Roma, la ciudad del Papa, la diócesis que gobierna como vicario, habrá votado a favor del divorcio. Que cuente con *mi felicitación.*»

XXII. EL DIVORCIO EN EL CONFESIONARIO

Siempre en vísperas del referéndum, un semanario italiano *L'Europeo* publicó una encuesta titulada «Las mujeres y el divorcio, en el confesionario», que probaba como en el tribunal de la Penitencia, los sacerdotes en su derecho de adoctrinar a los fieles, se atenían en general a cuanto la Iglesia había enseñado a través de los siglos. El divorcio merecía palabras de condena y el consejo a quienes consultaban era muy preciso casi siempre. Un párroco de Velletri, una simpática localidad de los castillos romanos, me decía sin rodeos: «Yo no puedo cuando alguno me plantea la cuestión, en el confesionario, si no dar una respuesta: votad sí, es decir, votad contra el divorcio.»

En la encuesta referida se recogían confesiones quizá un tanto desfiguradas, pero presentadas como auténticas, como si hubiesen sido grabadas en un magnetofón. He aquí algunas:

«Un sacerdote joven, desenvuelto. Una mujer sobre los treinta años, vistosa, agresiva. En una ciudad del Norte.

MUJER.—He decidido pedir el divorcio. Tengo que encontrar una salida regular a mi situación. Desde hace tiempo vivo con un hombre...

SACERDOTE.—¿Y usted pretende que yo le dé la absolución?

M.—Sí. Por eso he venido.

S.—No se la daré jamás.

M.—Entonces... ¿qué debo hacer?

S.—Irse. Marcharse cuanto antes. Se entiende... si es que quiere continuar por el camino emprendido.

M.—¿Me está echando... por las buenas? ¿Este es el modo de acoger a una penitente? Yo vengo en busca de comprensión...

S.—Espere. Quizá podamos discutir y... comprender cómo ha llegado a esta situación».

Luego el coloquio se enreda en consideraciones personales. La confesante culpa al marido de inconsciente y vil. Afirma que si se casó fue «por las presiones» familiares. El sacerdote insinúa: «Tal vez un pleito de declaración de nulidad»...

MUJER.—Pero hace falta un montón de dinero.

SACERDOTE.—No. Si usted demuestra que carece de bienes, le ayudarán.

M.—...y luego dicen que la Sagrada Rota es inflexible.

S.—Si usted demuestra que tiene razón; si su padre testimonia que usted se casó demasiado joven, sin madurar plenamente, conscientemente, su respuesta...

M.—Es demasiado complicado, padre. Prefiero continuar con el divorcio, que está ya... a mi alcance.

S.—Si razona así no podré absolverla».

* * *

«Una mujer elegante y refinada. Una extraña expresión irónica se advierte en su rostro. Es todavía joven y bella. Un sacerdote de mediana edad. Es una gran ciudad.

MUJER.—Padre, he decidido votar a favor del divorcio el 12 de mayo.

SACERDOTE.—Una mujer católica no puede votar por el divorcio. Yo tengo el deber de ponerla en guardia sobre las consecuencias de su voto, que la Iglesia condena.

M.—Escúcheme, padre. Yo tengo una familia feliz. Un marido y un hijo que adoro, con todo mi corazón. Por tanto, no me pasaría jamás por la imaginación divorciarme. Además... he recibido una educación católica; por mis convicciones más profundas sería contraria a una medida que rompe la unidad de la familia.

S.—Señora... no la comprendo. Si no quiere el divorcio, ¿por qué razón va a votar no a la derogación de la ley Fortuna-Baslini?

M.—Verá, padre. Se lo digo inmediatamente. Porque he comprendido que todo esto del divorcio es una puerca maniobra política. Yo estoy al corriente de la situación; leo mucho. He visto claramente que no había ninguna necesidad de este referéndum. El problema del divorcio no es actual. Aún después de implantado son pocos los que acuden ante un tribunal para divorciarse. Pero el divorcio ha coincidido con el deseo de un grupo político de apoderarse del poder en Italia. Y entonces tengo como la sensación de ser instrumentalizada. Me da la sensación de que se intenta movilizar a millones de hombres y mujeres católicas para hacer de palanca y obtener una rectificación en el curso político del país. Esto me indigna... y entonces votaré por el divorcio, precisamente, para responder a *esos señores* cuya conducta me asquea.

S.—He comprendido perfectamente su razonamiento, señora. Y creo que usted obra de buena fe. Pero esto no quita para que como católica esté obligada a votar contra el divorcio. Admitamos: una batalla como esta tiene vastas implicaciones políticas y sociales. Pero el deber de un buen cristiano está en seguir la vía directa. ¿Usted, en conciencia está o no a favor del divorcio? No. Lo ha dicho usted misma. Entonces no hay dudas. Debe votar sí en el referéndum. ¿Que así hace el juego a alguno? Paciencia.

M.—Eso es exactamente, padre, lo que no me agrada.

S.—¿Es que tiene simpatías por algún partido de izquierdas?

M.—No. Siempre voto la candidatura democristiana. Pero es... además, que hay muchos sacerdotes que sobre el divorcio enseñan que cada cual debe portarse de acuerdo con su conciencia. He leído, por ejemplo, que el padre Turolde * incita a votar por la libertad de divorcio. Estoy convencida de que se puede ser católica y votar no en el referéndum.

S.—Señora, usted se deja guiar por una propaganda extremista. En esta materia la única palabra válida es la oficial de la Iglesia. Y la Iglesia se ha expresado siempre contra el divorcio. Y no podría haber hecho otra cosa.

M.—Sin embargo, padre, estoy decidida a votar por el divorcio. Es más... le diré que incluso haré propaganda entre mis amigas...

S.—Se lo prohíbo absolutamente. Comportándose así

(*) Un religioso, benedictino, siempre en primera línea, cuando se trata de innovaciones conciliares.

va contra la ley de la religión que usted dice querer observar.»

* * *

«Parroquia de las afueras de una gran ciudad. Una mujer joven. Modesta presencia. Sacerdote sobre los treinta años.

MUJER.—Padre... ya sé que no está admitido, pero... yo quisiera divorciarme.

SACERDOTE.—¿Por qué?

M.—Es una historia larga de contar. Mi marido se marchó a trabajar al extranjero. Entonces me pareció una cosa natural. Después... he sabido que vive con otra mujer. Es como si no estuviese casada.

S.—¿Cuántos años de matrimonio?

M.—Siete.

S.—¿Desde cuándo está su marido en el extranjero?

M.—Desde hace cuatro años.

S.—¿Por razones de trabajo?

M.—Sí. Ya le dije que al principio pensábamos que era la mejor solución. En Italia ganaba poco. Incluso trabajando yo difícilmente sacábamos para salir adelante. Después... todo cambió. No venía más que en Pascua o en Navidad. Ahora tiene otra mujer. Y ni siquiera se preocupa de nosotros.

S.—¿Tienen ustedes hijos?

M.—Uno.

S.—Y... usted ¿cómo vive?

M.—Sola. Pero no tengo intenciones de continuar así. Tengo veintisiete años. Yo no he hecho nada malo. Son los demás quienes me han hecho daño a mí. Y no es justo que yo padezca por todos.

S.—Es un caso grave... el suyo.

M.—Muy grave, padre, muy grave. Por eso he venido. A que me diga algo usted. Ni siquiera mi familia me puede aconsejar.

S.—No sé qué decirle. La Iglesia tiene, o mejor dicho tenía, respuestas precisas para sus fieles, pero hoy la vida va más allá de nuestras palabras. Hay más cosas en el mundo que en nuestra filosofía, como decía un escritor. Incluso la Iglesia está en crisis. No sé. ¡Pobre mujer! Lo que le ocurre es doloroso. Obre, en fin, según su conciencia. Es el único consejo que puedo darle.»

* * *

«Una joven un poco extraña: alta, más bien gruesa, de aspecto provocatorio. El sacerdote es seco, un tipo ascético, de ojos oscuros y penetrantes. Pero con una luz de bondad en ellos. Una iglesia a la antigua, en una pequeña ciudad de provincias.

MUJER.—Padre... me he decidido por el divorcio.

SACERDOTE.—¡Dios mío!

M.—Mi caso es muy grave, padre. Hace siete años que me casé. Tanto mi marido como yo éramos... muy jóvenes, de buenos principios... Tanto que de no haber sido por eso, quizá me habría dado cuenta antes de lo que me iba a pasar. Por desgracia, mi marido no era... normal. Al principio pensaba que era... timidez, quizá consecuencia de una educación equivocada. Después le comprendí mejor. Y sentí pena. Al final tuvimos que hacer frente a la realidad. Nuestro matrimonio era un fraude, era mejor separarnos que perpetuar una situación que oscilaba entre lo grotesco y lo humillante.

S.—En este caso tiene usted razón. Su matrimonio no vale, es nulo.

M.—Eso me han dicho. Y habría podido dirigirme a un tribunal eclesiástico. Pero me han dicho que es cosa... de muchos años. Y además que hace falta una fortuna. Y yo no tengo una lira. Por eso he pensado en el divorcio que es más fácil, más simple.

S.—Comprendo, comprendo... la gravedad de su drama.

M.—Entonces... ¿me absuelve?

S.—No puedo, hija mía.

M.—¿Por qué?

S.—Porque si pide el divorcio... para la Iglesia... ha errado el camino.

M.—Pero yo no he tenido culpa alguna. Yo no sabía que mi marido era *así*. ¿Cree usted que habría sido mejor irme con él antes de casarme... para averiguar que era... impotente? Yo he seguido, en todo, una conducta correcta, de acuerdo con la religión. ¿Por qué se ha de juzgar ahora con crueldad mi propósito de poner fin a esta... situación?

S.—No es crueldad, hija. Es la regla de la vida cristiana. Un matrimonio puede ser declarado nulo. Pero no se puede romper por la propia mano.

M.—Pero yo...

S.—Le aconsejo comenzar un proceso de nulidad ante un tribunal eclesiástico o ante la Sacra Rota. En su caso hay la certeza de probar que el matrimonio no ha existido nunca. Podría casarse de nuevo, si así lo desea.

M.—¡Ah, no, padre! ¡Muchas gracias! Ya he tenido bastante... con un matrimonio. ¿Me da la absolución?

S.—Si renuncia al divorcio, sí.»

* * *

«Una mujer preocupada y temerosa. Habla en voz baja. Insegura. El sacerdote, sobre los cuarenta años, tiene un aire vagamente profesoral.

MUJER.—Estoy, padre, decidida a votar a favor del divorcio. Pero quiero saber qué cosa... sucede... ¿Qué me puede pasar si voto no a la derogación de la ley Fortuna-Baslini?

SACERDOTE.—Usted no puede votar así, a favor del divorcio. Es pecado.

M.—Pero... ¿por qué?

S.—Porque contradice la concepción católica del matrimonio y de la familia. Es como si usted me pidiese que yo le justificara el robo, porque tiene hambre, o el delito, porque se ha dejado ganar por la ira. El católico no puede divorciarse y debe rechazar la ley del divorcio.

M.—Eso lo sé. Soy católica y no me divorciaría jamás. Pero es que ahora lo que se debate es el matrimonio civil... Creo que puede existir en Italia, un matrimonio disoluble, al igual que en otros países. No entra en discusión la religión. Es una decisión de tipo político.

S.—Pero el católico debe obrar a la luz de sus principios. Y la indisolubilidad del matrimonio es el primer principio moral de cualquier sociedad no sólo católica. Piense que la indisolubilidad del matrimonio la sostenía incluso la moral natural preexistente al Catolicismo... Además el divorcio mina las bases de la sociedad ordenada, es el cómo la polilla que corroe la familia, que lleva a la inquietud, al desorden, al caos. ¿Por qué hemos de admitir nosotros, al borde del año 2000, que prospere el desorden?

M.—Yo siempre he seguido las palabras de la Iglesia. Pero ésta cree que es un problema mío, de conciencia. Conozco tanta gente pobre que anda extraviada desde hace años, a causa de un matrimonio equivocado... ¿Cómo se les puede negar un poco de esperanza?

S.—Usted cree servir a la justicia... pero yo le aseguro que no es así. De todas formas... obre según su conciencia ...asuma esa responsabilidad delante de Dios.

M.—Pero yo me siento... angustiada, querría liberarme de esta duda. Y usted... ¿me confirma que, si voto por el divorcio, caigo en pecado mortal?

S.—Le confirmo cuanto le he dicho. Que la responsabilidad es sólo suya. Debe saber escoger... Y escoger bien.»

* * *

No hará falta decir que verdaderas o falsas esas confesiones recogían, bastante fielmente, el ambiente. La duda de muchos fieles, ante el eco que en la prensa tenían los llamamientos de los llamados católicos del «no» y de los católicos «democráticos».

Las dudas que embargaban a millones de católicos italianos, invitados de una parte, a votar contra el divorcio según el razonado llamamiento del Episcopado, mientras de otra rondaban sus oídos los argumentos contrastantes de quienes titulándose fieles hijos de la Iglesia aconsejaban votar «no» a la derogación de la ley.

La ambigua actitud de la Acción Católica, y de algunos prelados —como los ya citados, el cardenal de Turín y el obispo de Ravena—, y sobre todo la insubordinación de muchos grupos «espontáneos» con sus pastores a la cabeza, indudablemente contribuían a sembrar la confusión.

* * *

El 5 de mayo, una semana antes del referéndum, la habitual alocución dominical del Santo Padre a los fieles reunidos en la plaza de San Pedro, merecía de *Corriere della Sera* estos títulos: «Riguroso silencio del Papa sobre el referéndum a propósito del divorcio». «Es una confirmación, según algunos observadores, del desinterés de la Santa Sede». En el texto de la información, firmada por el vaticanista del periódico, Fabrizio de Sanctis, se afirmaba: «El Papa no ha roto —como algunos temían y otros esperaban— el silencio mantenido hasta ahora sobre el referéndum. El tema del breve discurso que dirigió este domingo a los fieles fue el culto a la Virgen, en el mes de mayo. Ha invocado la intercesión de la Virgen de Lourdes, con ocasión de *la competición electoral* de Francia; de Nuestra Señora de Fátima, para Portugal; de la Virgen de Czestokowa, para Polonia; de las advocaciones nuestras de Oropa, Loreto y Pompei, *por la paz religiosa de Italia.* Fue la única alusión al referéndum.

Y el silencio del Papa es más elocuente que un largo discurso. Significa, a juicio de los observadores, una confirmación del desinterés —del desempeño— de la Santa Sede en una cuestión que atañe exclusivamente a los católicos italianos y que, por tanto, legitima las intervenciones del Episcopado, pero no la del Jefe de la Iglesia Universal». Por cierto que en la misma crónica, De Sanctis hablaba de una mesa redonda celebrada el mismo domingo, día 5 de mayo, con participación del padre Bartolomeo Sorge, director de *Civiltá Cattolica.* Entre otras cosas, el referido jesuita dijo: «Como ciudadano italiano profundamente democrático, y, por tanto, celoso de la libertad de conciencia y del pluralismo de la sociedad, me he encontrado con problemas tormentosos, ante el 12 de mayo. Mi decisión de decir *sí* a la abolición de la ley Fortuna-Baslini, que considero dañosa, no significa un sí al integralismo. Creo que el referéndum debía y podía haberse evitado. Ahora sería una utopía pensar que la ley pueda ser corregida, si triunfa el *no.* Si vence el *sí,* abolida la ley, el problema podrá ser resuelto en el cuadro del derecho de familia.» De Sanctis concluía: «En sustancia: el padre Sorge, mientras no admite el divorcio desde el punto de vista de la fe, acepta que un Estado pueda promulgar una ley divorcista, diversa de la Fortuna-Baslini».

* * *

«El riguroso silencio» de Pablo VI mereció críticas incluso dentro del Vaticano, donde el tema del referéndum había dividido a los consejeros del Papa. Al menos así se decía en ambientes muy ligados a la curia. De una parte estaba la indiferencia del cardenal Villot, que como francés, juzgaba inactual el problema: no comprendía que un país como Italia se lanzara a reñir, aunque fuese una batalla civil, por una institución que en su país ningún político había puesto en duda desde hacía más de medio siglo. Sin embargo, el Secretario de Estado contaba poco en la dicordia; en general, la cuestión se debatía entre dos polos poderosos: monseñor Giovanni Benelli, Sustituto de Estado (ministro de la Gobernación de la Iglesia) y el Secretario del Consejo de Asuntos Públicos, monseñor Agostino Casaroli (ministro de Asuntos Exteriores).

El primero de ellos, tan en vanguardia en otros aspectos, se mostraba contrario al divorcio. Muy cerca de

Pablo VI, —sólo el secretario del Papa, monseñor Pasquale Macchi, puede disputarle tal vecindad—, Benelli estaba por la batalla contra la reforma. Sólo que como buen toscano —paisano de Maquiavelo—, prefería la que un periódico llamó «la estrategia subterránea». Ninguna exteriorización de hostilidad, al divorcio, pero apoyo, por lo callado, al hombre que hacia la guerra en primera persona: Amintore Fanfani.

Agostino Casaroli, tan diplomático como el Sustituto, mantenía que para su *estpolitik*, su política de apertura al Este, meterse en la refriega del referéndum no era aconsejable. Partidario de un entendimiento entre católicos y comunistas, del llamado «compromiso histórico» en Italia, por lo menos, —quizá porque en su ánimo anida esa tentación de bautizar al bárbaro, a la que en una ocasión se refirió el Papa León XIII, y que es como una obsesión de la Iglesia, desde los tiempos de Atila, —creía que una oposición abierta de la Santa Sede al divorcio italiano podía influir negativamente en la maduración del tal «compromiso» y... esa es una puerta que debe quedar entreabierta por si acaso.

El Papa Montini —«nuestro Hamlet», como le llamaba Pío XII—, siempre entre el tirón riguroso de su corazón, que parece atarle a la más genuina tradición de la Iglesia, y el planteamiento crítico de su inteligencia, que le une a la cultura religiosa francesa, a Maritain, en particular, tenía una preocupación lógica. No quería pasar a la historia por el Papa del divorcio.

Por eso, aun sin declamar el «Non possumus», dejó que prevaleciera la opinión de monseñor Benelli, quien en el verano de 1973, en un secreto coloquio con Fanfani (cuando éste se disponía a liquidar el centrismo de Giulio Andreotti, convirtiéndose en el promotor de un centroizquierda «diferente», desde la secretaría del partido), convino el esquema del acuerdo: no obstante los riesgos innegables, anexos a la operación, la única solución posible, para acabar con el divorcio, era el referéndum, pero la Santa Sede no podía tomar posiciones espectaculares que pudieran dar lugar a sospechas de una conexión directa entre la Iglesia y el partido democristiano, cosa que, además, podía perjudicar la autonomía del mismo. Fanfani se comprometió a evitar encuentros frontales. Por otra parte, se negaría rotundamente a cualquier eventual componenda, que bajo el pretexto de una modificación no sustancial de la ley, dejara «viva» la institución del divorcio.

Parece ser que el último intento de liquidar el referéndum fue realizado por monseñor Agostino Casaroli, en septiembre de 1973. Reservadamente mantuvo contactos discretísimos con diversas personalidades del frente laico, entre otras con el senador Giovanni Spadolini, antiguo director de *Corriere della Sera*, para hallar alguna fórmula de compromiso que evitara la consulta directa. Quizá esta gestión del Secretario de Asuntos Públicos de la Iglesia hizo pensar a Spadolini que el Vaticano no deseaba el referéndum. Pero la cosa era más complicada.

* * *

Al fin en la misma semana del referéndum, casi al borde de esa pausa de silencio de cuarenta y ocho horas que la ley electoral impone, para que el ciudadano madure tranquilo y sereno su voto, Pablo VI acudió a la sede de la Conferencia Episcopal Italiana, en la Via Aurelia, y hablando al Consejo de la Presidencia allí reunido, dijo lo siguiente: «No podemos en estos momentos ocultar nuestra plena adhesión a la posición tomada, por fidelidad al Evangelio, y al constante magisterio de la Iglesia universal, por el Episcopado italiano, en las presentes circunstancias para la defensa y para la promoción religiosa, moral, civil, social y jurídica de la familia. La afirmación hecha por vosotros, pastores sabios y responsables de toda la comunidad eclesiástica italiana, acerca de la indisolubilidad del matrimonio, fundada sobre la palabra de Cristo y sobre la esencia misma de la sociedad conyugal, exige también de Nos abierta conformidad, conformidad no sugerida por una consideración unilateral de la cuestión que no busca ninguna resonancia polémica, pero quiere públicamente reconocer la autoridad de vuestra pastoral notificación y quiere además proponer con confiado respeto, a cuantos tienen como cosa fundamental, a pleno corazón, la incondicionada plenitud del amor entre los cónyuges, la solidez del instituto familiar, la protección debida y la educación amorosa de la prole por parte de los progenitores, un tema siempre grave».

* * *

No faltó en esos días el amargo comentario de un

católico «ultra»: «Pío XII habría lanzado ya un documento en defensa del matrimonio cristiano... desautorizando a cuantos, sacerdotes o laicos, postulan el no en nombre de la libertad de conciencia. En vísperas de las elecciones de mayo de 1963, Juan XXIII dio a conocer una encíclica —«Pacem in Terris»— que poco menos justificaba el voto a favor de lo comunistas. En efecto, las candidaturas de la hoz y el martillo sumaron un millón de votos más, en relación a la consulta anterior de 1958. Y el Papa sólo recibió parabienes de las izquierdas. La Iglesia está haciendo lo suficiente como para meterse de lleno en la batalla, pero no lo bastante para convencer a los católicos indecisos para que acepten el magisterio eclesiástico, dictado por la tradición y por el propio Concilio Vaticano II, del que tan largo consumo se hace».

VOTA
NO
PER DIFENDERE
UNA LEGGE UMANA
E GIUSTA

Propaganda del «NO» (es decir, del voto favorable a la supervivencia de la ley del divorcio), en Roma.

IL SENATO
VOTI
SUBI
DIGIUNO
24 GIORNO
DITE SI AL DIVORZIO
UNA FIRMA
CONTRO IL CONCORDATO

SI
SI
SI
SI
BIRINDELLI
ANDERSON
NO
SI
SI
come il giorno delle nozze

Uno de los «ayunos» de los dirigentes de la Liga Italiana del divorcio. A la derecha aparece Marco Pannella.

Carteles con invitaciones al «SI» (o sea a favor de la derogación de la ley del divorcio), a la sombra del Teatro Marcello de Roma.

XXIII. LA HORA DE LA VERDAD

...Y llegó la hora de la verdad. El domingo 12 de mayo amaneció espléndido en Roma. Habían pasado casi tres años y medio desde la aprobación de la ley del divorcio. Un tema que no había sido jamás debatido en ninguna campaña electoral, ni en 1968, ni en 1972 —porque ningún partido se había atrevido a presentarlo como propia reivindicación, al menos de una manera franca y abierta, convocada a más de treinta y siete millones de italianos— a decidir sobre si la Ley Fortuna-Baslini debía ser o no derogada.

En las esquinas, aunque no siempre flamantes, los carteles del «sí» y del «no» prodigaban las razones de cada bando *.

(*) El referéndum costó en total más de cien mil millones de liras (unos nueve mil millones de pesetas). En la cifra se incluyen los cuarenta y cuatro mil millones gastados por el Estado (algo más de lo previsto en principio), en la preparación de los casi setenta mil colegios electorales, los carteles con explicaciones, las papeletas, las listas de votantes, los lápices especiales para señalar el voto, los módulos a rellenar por los escrutadores, la indemnización a los casi setenta mil presidentes y demás miembros de las mesas (de 20.000 a 15.00 liras, por el «trabajo»). En fin, hay que tener en cuenta que el Estado corre con los gastos, o una parte, de los viajes de los electores residentes en el extranjero.

El Comité Pro-Referéndum, los Comités Cívicos, la Democracia Cristiana, el Movimiento Social-Derecha Nacional, el Partido Comunista, el Partido Socialista, el Partido Socialista Democrático... echaron la casa por la ventana en lo que a carteles y pancartas se refiere. No es exagerado pensar que, en total, gastaron casi sesenta mil millones de liras.

Se leía:

- «Compañero: aquí la política no entra. Contra la ley burguesa y antipopular del divorcio, vota SI.» (Y se veía una bandera roja desplegada. Firmaba el Comité Pro-Referéndum.)
- «Seiscientos millones de católicos viven en países donde existe el divorcio. Y no han pedido jamás su derogación». (Firmaba el Partido Socialista.)
- «Libres para estar unidos. Vota no a la abolición del divorcio». (Unos pájaros desplegaban su vuelo, en un cielo sereno. Firmaba el Partido Socialista Democrático.)
- «Sí a la familia. Sí a la vida». (Un joven matrimonio llevaba a hombros a un niño. Firmaba el Movimiento Social Italiano.)
- «Si crees en la indisolubilidad del matrimonio, nadie te impone el divorcio. No destruyas una ley constitucional. No la niegues a quien tiene necesidad de ella. En el referéndum vota no». (Firmaba el Partido Comunista.)
- «No es el divorcio el que destruye la familia. No a la emigración. No al paro. No a la abolición del divorcio». (Firmaba el Partido Socialista.)
- «Sí como el día de la boda». (Dos anillos enlazados, daba fuerza a la invitación. Firmaban los Comités Cívicos.)
- «Esta vez no se vota por un partido. Se vota por la familia». (Firmaba la Democracia Cristiana.)

* * *

No hubo incidentes. Se votó durante el domingo, sin prisas ni pausas. No obstante se registraron porcentajes de participación más bajos que en las últimas elecciones políticas. Luego, en la mañana del lunes, algo se remedió, alcanzándose un índice del 88,1 por 100. De 37.495.091 inscritos en el censo, votaron 33.039.217. En las últimas elecciones políticas de mayo de 1972 se había llegado al 93,1 por 100.

A favor del «no», es decir contra la abrogación, se pronunciaron 19.093.929, el 59,1 por 100 de los votos válidos.

Por el «sí» se decidieron 13.188.184, es decir el 40,9 por 100. La ley Fortuna-Baslini sobrevivía.

Si se considera que los partidos divorcistas (Comunista, Socialista, Social-demócrata, Republicano, Liberal, etcétera) habían sumado en las elecciones políticas de

1972 sólo el 52,5 por 100, mientras el 47,5 por 100 había ido a parar a las candidaturas de la Democracia Cristiana y del Movimiento Social-Derecha Nacional, hay que convenir que no se respetó la frontera ideal que, sobre el papel, separaba a los dos bandos rivales. O sea que una buena parte del electorado católico o supuestamente católico había votado a favor del divorcio. Esta fue la gran sorpresa, para muchos.

* * *

Las noticias sobre los resultados del referéndum fueron conociéndose a través de la modernísima sala de prensa instalada en el Ministerio del Interior. Había teletipos y cerebros electrónicos a granel, que pasaban los datos a una pantalla iluminada. Desde el primer momento —tres de la tarde del lunes día 13— se apuntó la creciente ventaja de los «no» sobre los «sí». En ningún momento se pensó que corriera peligro la suerte del divorcio, aunque se adivinaba ligero margen antidivorcista en Trento-Alto Adigio; en el Veneto, en el Molise, en Puglia, en Campania, en Basilicata y en Calabria.

Merece la pena reproducir los datos completos del escrutinio en las diversas regiones y provincias:

PIAMONTE	NO	(%)	SI	(%)
Alessandria	97.542	(30,—)	227.935	(70,—)
Asti	52.729	(37,07)	89.520	(62,93)
Cuneo	7.863	(42,11)	10.810	(57,89)
Novara	103.967	(32,06)	215.183	(67,04)
Turín	344.704	(23,3)	1.132.890	(76,7)
Vercelli	74.463	(27,08)	193.045	(72,02)
Total	681.268	(29,—)	1.869.383	(71,—)

VALLE DE AOSTA	NO	(%)	SI	(%)
Aosta	11.611	(25,—)	31.261	(75,—)

LIGURIA	NO	(%)	SI	(%)
Génova	194.944	(27,05)	513.251	(72,05)
Imperia	39.802	(27,03)	105.981	(72,07)
La Spezia	46.552	(28,—)	119.582	(72,—)
Savona	53.801	(26,07)	147.436	(73,03)
Total	335.099	(27,—)	886.250	(73,—)

LOMBARDIA	NO	(%)	SI	(%)
Bergamo	249.275	(58,54)	208.353	(41,46)
Brescia	247.544	(54,02)	210.728	(45,98)
Como	230.278	(50,07)	223.566	(49,03)
Cremona	98.974	(44,49)	123.494	(55,51)
Mantúa	92.507	(36,04)	161.593	(63,06)
Milán	723.463	(32,41)	1.508.142	(67,59)
Pavía	121.280	(34,02)	233.858	(65,08)
Sondrio	45.811	(49,02)	47.383	(50,08)
Varese	142.310	(40,09)	209.421	(59,01)
Total	1.951.442	(40,—)	2.926.538	(60,—)

TRENTO-ALTO ADAGIO	NO	(%)	SI	(%)
Bolzano	115.100	(49,62)	116.864	(50,38)
Trento	132.679	(51,01)	124.977	(48,05)
Total	247.779	(51,—)	241.841	(49,—)

VENETO	NO	(%)	SI	(%)
Belluno	57.362	(43,06)	68.518	(56,47)
Padua	200.822	(61,94)	123.374	(38,06)
Rovigo	71.845	(44,05)	89.463	(55,05)
Treviso	217.955	(52,48)	197.811	(47,52)
Venecia	185.055	(36,05)	321.807	(63,05)
Verona	263.624	(55,08)	208.507	(44,02)
Vicenza	259.904	(61,01)	165.358	(38,09)
Total	1.256.567	(51,—)	1.174.838	(49,—)

FRIULI-VENECIA JULIA	NO	(%)	SI	(%)
Gorizia	30.984	(31,05)	67.449	(68,05)
Pordenone	65.568	(40,—)	98.391	(60,—)
Trieste	56.294	(26,09)	153.096	(73,01)
Udine	139.141	(41,03)	198.056	(58,07)
Total	291.897	(36,—)	516.992	(64,—)

Mientras las noticias sobre los resultados del referéndum daban la vuelta al mundo, en el tableteo nervioso de los teletipos, en el Vaticano se observaba como un silencio de luto. Un purpurado, con palabras ciertamente críticas, para «las alturas», ofreció, aquella misma tarde del lunes, 13 de mayo, este comentario, recogido por Fabrizio De Sanctis en *Corriere della Sera*: «Es doloroso que haya sucedido así. El porqué me parece bastante evidente. Es un resultado que, indudablemente, clarifica muchas situaciones y hará asumir a todos sus propias responsabilidades. Ruego a Dios que no provoque ulteriores conflictos ni nuevas laceraciones.»

Dolía, más allá del Portón de Bronce, de modo especial, que Roma, la ciudad del Papa, hubiese votado tan rotundamente a favor del divorcio *. En efecto, los «no» a la derogación de la ley Fortuna-Baslini fueron 1.146.705 (el 68,06 por 100; bastante más que la media nacional); los «sí» sumaron tan sólo 538.156 (el 31,4 por 1900).

Para Pablo VI era también un dato mortificante que su ciudad, Brescia, se hubiera mostrado divorcista: 84.884 «no» (el 61,81 por 100) frente a 52.436 «sí» (el 38,18 por 100).

Las tres ciudades más divorcistas habían sido Turín (79,84 por 100 de «no», contra el 20,16 por 100 de «sí»), Ravena (79,72 por 100 de «no», contra el 20,27 por 100 de «sí») y Liornia (78,32 por 100 de «no», contra 21,68 por 100 de «sí»). Las tres ciudades más resueltamente antidivorcistas fueron: Reggio Calabria (53.949 «sí» contra 36.973 «no»), Caserta (121.329 «sí» contra 80.440 «no») y Benevento (19.227 «sí» contra 13.749 «no»).

Detalle curioso en Dronero, el pueblo natal del profesor Gabrio Lombardi, presidente del Comité Pro-Referéndum, «también» triunfó el divorcio: 2.603 «no» contra 1.909 «sí».

* * *

Una primera valoración de los resultados, al margen de las opiniones de los representantes de los partidos políticos, que se pronunciaron según la conducta seguida por los mismos, durante la campaña electoral —júbilo entre los divorcistas **, resignación en el bando opuesto, permitía destacar los siguientes aspectos:

(*) Radio Vaticano, en la misma tarde del 14 de mayo, comentando la victoria divorcista, decía, en un comentario oficioso: «Cuantos han pensado que podían salvar, promover la salud y la estabilidad de la familia y el bien de la sociedad, reconociendo como mal menor la oportunidad del divorcio en particulares situaciones sepan los peligros a los que han expuesto el instituto familiar.»

(**) Si el divorcio hubiese sido cancelado de la legislación italiana, por el voto popular, se habrían quedado sin resolver unos veinte mil pleitos matrimoniales. Quienes hasta ese momento habían obtenido la sentencia desvinculatoria no habrían tenido nada que temer. La decisión del referéndum no tenía carácter retroactivo, como es lógico. Pero... es preciso hacer algunas distinciones. Porque dado que las sentencias de divorcio

1. Las regiones más divorcistas, sobre el papel, Emilia Romaña, Piamonte, Toscana, Umbria..., habían votado con más entusiasmo (y, por supuesto, en mayor proporción) que las más apegadas a la tradición y, por tanto, más contrarias al divorcio (Sicilia, Basilicata, Abruxo, Molise, Calabria, Campania...). El más alto índice de participación lo dio la región gobernada por los comunistas. Emilia-Romaña con el 95,2 por 100 (En las elecciones políticas de 1972 alcanzó el 97,4 por 100). La de más bajo porcentaje fue Calabria, con el 74,2 por 100 (En las elecciones políticas, el 84,5 por 100). Todo esto prueba que los divorcistas fueron más diligentes que los «otros».

2. Los últimos sondeos insinuaban una ligera ventaja a favor del divorcio, sobre todo teniendo en cuenta quienes aún en vísperas de la decisión se mostraban cautos o no querían dar a conocer su opinión. De esta masa de indecisos salió la victoria del divorcio. Se ha calculado que mientras fueron escasos los comunistas que votaron contra el divorcio, más de un 70 por 100 de «misinos», desobedeciendo las consignas del partido, votaron a favor de la ruptura vincular, muchos de ellos por motivos «particulares», otros por ser resueltamente anticlericales. El voto de los católicos favorable al divorcio tuvo también su «peso», como reconoció el propio Loris Fortuna. («La victoria laica del no, dijo Fortuna, apenas se conocieron los primeros resultados del escrutinio, no es una victoria de los laicos contra los católicos, sino una victoria de la alianza entre laicos y católicos democráticos contra el connubio de clericales y fascistas. Es, por tanto, una victoria de la democracia contra la derecha conservadora, de la Italia joven, laica y europea, en suma una victoria yo diría que... socialista.»)

3. La politización de la discordia divorcista influyó asimismo en el triunfo del no. Contra el parecer de Gabrio Lombardi, que quería una batalla civil al margen de los partidos —«esta es una cuestión que no divide verticalmente el panorama político italiano, decía, sino

no sólo han de ser publicadas, sino también depositadas y transmitidas al Registro Civil, se planteaba el problema del valor de aquéllas que no habían pasado de la primera fase. Asimismo, había sentencias sujetas a impugnación, por no haberse cumplido el plazo previsto por la ley. Se habría cerrado, con la abrogación, un cúmulo de problemas jurídicos, un caos comprensible por la lentitud epidémica de la justicia italiana.

horizontalmente»— tanto comunistas como «misinos» dieron a la discordia un tinte político. Es natural que cuando el Movimiento Social-Derecha Nacional insistía en su propaganda, queriendo convertir el referéndum contra el divorcio en un plebiscito anticomunista, empujaba al militante del «partido» tibio o sin opinión aún sobre la cuestión, a votar no. En cambio no funcionó, con la misma mecánica, el argumento comunista sobre la identificación del no con el antifascismo. Los votantes «misinos» decididos a votar a favor del divorcio, lo hicieron pensando que, después de todo, no había razón alguna para dejarse etiquetar cuando, en definitiva, se jugaba tan sólo la suerte de una ley civil, que no iba mal a una sociedad moderna.

4. En fin, tuvo su influencia y grande, el voto femenino. Dos meses antes de la fecha del 12 de mayo, se leía en una crónica de Caetano Scardocchia, en *Il Giorno* de Milán, esta puntualización: «Divorcistas y antidivorcistas, católicos y marxistas, reaccionarios y reformadores, están de acuerdo en una sola cosa: serán las mujeres quienes decidan la suerte del referéndum: Sobre cien electores, cincuenta y dos son mujeres. El electorado femenino es muy superior al masculino: diecinueve millones cuatrocientos mil sufragios frente a diecisiete millones setecientos cincuenta mil. Es decir, millón y medio de más». (Luego resultarían aún más, porque faltaron a la lista en torno al millón de trabajadores emigrados, en su casi totalidad hombres). Se vio desde el principio como ambos bandos buscaban convencer al elector femenino. Hablar del divorcio era abrir un discurso sobre la familia, y la mujer, en este terreno, tiene derecho a considerarse protagonista número uno. «La mujer, había dicho Pia Celini Lombardi, hermana del presidente del Comité Pro-Referéndum, como esposa y como madre se siente envuelta en esta polémica.» «Nunca había visto tantas mujeres en las reuniones del Partido», aseguraba la diputada comunista Adriana Sereni. Y la senadora democristiana Franca Falcucci, añadía: «La mujer siente más que el hombre el problema del divorcio.»

¿Cómo iba a pronunciarse la mujer ante el divorcio? Se ha dicho siempre que en Italia el voto femenino * fue

(*) El sufragio femenino tiene en Italia treinta años. Fue introducido en enero de 1945, por un decreto del gobierno Bonomi, después de arduas discusiones, que hoy suscitarían la carcajada. Porque no faltaba quien adjudicando al bello sexo, poco seso, siempre moderado. Que si en 1948 los comunistas aliados a los socialistas en el Frente Popular, no saltaron sobre la carroza del poder, fue porque las mujeres italianas, en su inmensa mayoría votaron a favor de las candidaturas democristianas. Ahora, se pensaba, se moverán con idéntica lógica: saben que en el divorcio llevan las de perder y dejarán en las urnas su «sí».

Por si acaso se prodigaron los carteles, con reiteradas alusiones a la soledad y al desamparo de la mujer divorciada. «El divorcio es tu enemigo», se repetía. Pero cuando llegó la hora de la verdad, la mujer, si no en mayoría, sí en una proporción sorprendente votó a favor de la supervivencia de la Ley Fortuna-Baslini. Oriana Fallaci, reconociendo su «miedo», escribía después del referéndum: «Ahora me avergüenzo de haber tenido vergüenza; de no haber tenido confianza». Su hermana menor, Elisabetta, ha contado, tenía más seguridad que ella en el triunfo del divorcio. Tanto que se apostó cincuenta mil liras a favor del no. «Las perdí, declaró después Oriana, con mucho gusto» *. El propio Fortuna manifestó: «Tenía miedo al voto femenino.» Y sin embargo...

---

anunciaba un cataclismo electoral. Posiblemente los partidos que se beneficiaron más del voto de la mujer fueron el democristiano y el comunista.

(*) Orana Fallaci ha contado en *L'Europe*: «De Roma fui al campo donde mi familia transcurría el *weekend.* Y allí viví un episodio que habría debido darme un hilo de optimismo. Porque para ayudarnos a tener limpia la casa, viene todas las semanas la Nella, que es una campesina del lugar, muy devota de la Iglesia y de la Democracia Cristiana. Es un poco también la criada del cura; apenas puede va a misa, y si he comprendido bien, considera a quien está a la izquierda como a un caníbal que devora niños. Nadie dudaba, en su caso de que votaría sí. El sábado por la mañana, me invitó a que fuera a conocer a su nieto, recién nacido. Le pregunté que a que hora saldría, al día siguiente, a dejar su sí. Levantó sus ojos indignada y respondió: *¿Sí? Ni yo, ni mi marido, ni mi hija, ni mi yerno votaremos sí.* Siguió un silencio sin palabras, algo así como si Fanfani hubiese anunciado su propósito de casarse con una pluridivorciada. Después me atreví a preguntar: *¿De verdad, Nella? ¿Y quién te ha dicho que votes no?* Y Nella: *El cura. ¿El cura, Nella?* Y ella: *Así es. Y también la madre del cura votará no. Y los hermanos del cura, que son cuatro. El cura nos ha dicho un montón de veces: no es justo negar un derecho a quien puede tener necesidad. Haced como os parezca, eh. Votad no, si así lo creéis justo*».

NO
DEL-DIVORZIO
E-AI-FASCISTI
DELEGATI

Otra manifestación divorcista, pasa ante los foros imperiales.

Otro matrimonio famoso, en ruina. Gina Lollobrigida y Milko Skofic. En 1966 plantearon su separación judicial, ante un tribunal de Latina. Aunque no hay noticias de que hayan obtenido el divorcio, en Italia. Milko Skofic, apátrida, contrajo ya por su cuenta matrimonio con Ute Von Aichbichler, una cantante austríaca, que utiliza en el mundo del arte el nombre de Uta de Vargas.

Sofía Loren y Carlo Ponti no necesitan de la Ley Fortuna-Baslini para resolver su problema matrimonial. El productor obtuvo la ciudadanía francesa y planteó su divorcio. Primero había intentado una solución «mejicana», pero tal expediente le costó una acusación de bigamia en Italia. Hoy, tanto Ponti como su esposa son franceses... pero podrían acogerse, perfectamente a la ley italiana, ya que aquél lleva separado de su primera esposa más de veinte años.

PRINCIPALI SANZIONI PENALI

Coca-Cola
È UN EROE
CHI
20 DONNE STANNO
FACENDO IL 4°
GIORNO DI DIGIUNO
PER SOLLECITARE IL
PARLAMENTO A
DISCUTERE LA LEGGE
SULL'ABORTO
MOVIMENTO FEMMINI
STA ROMANO E
MOVIMENTO LIBE
RAZIONE DELLA
DONNA
MORTA
1973
MORTE D'ABORTO
CLANDESTINO
A ROMA
GIOVANNINA SAULO
PAOLA OTTOCENTO
MARIA MIRANTE
SEBASTIANA CONCA
ROSA VITERRITI

Amintore Fanfani, secretario de la Democracia Cristiana, y gran animador de la campaña contra el divorcio. Fue el gran derrotado del referéndum del 12 de mayo. Pero quizá la lección, le resulte útil, para el inmediato futuro. Fanfani abriga la esperanza de reunir en torno a su figura una mayoría anticomunista, capaz de cambiar el rumbo político de Italia.

... y tras el divorcio, el aborto.

Al conocerse el resultado de las elecciones, los «vencedores» saludan al público.

XXIV. LA BATALLA PERDIDA

Ante lo irreparable —mientras cunde la euforia en el bando divorcista, que ve cómo la ley Fortuna-Baslini sale confirmada del referéndum—, se abre el capítulo de las lamentaciones y de las justificaciones. Fanfani y Almirante, en nombre de la Democracia Cristiana y del Movimiento Social Italiano-Derecha Nacional, se recriminan recíprocamente. «Ha fallado el electorado católico, dice el secretario del MSI. A Fanfani le han dejado solo ante el peligro; su partido no le ha seguido, en esta aventura.» Fanfani, por su parte, quisiera correr un telón... y que se olvide la batalla, como si no hubiera ocurrido nada. Pero en su propia «casa» le ataca la izquierda, acusándole de haber embarcado al partido entero en una travesía borrascosa. Naturalmente, se intenta llevarle al banquillo de los acusados para anularlo políticamente. De momento el secretario democristiano campea como puede el temporal y parece aceptar deportivamente el fracaso. Sin embargo, todo indica que la consulta electoral ha mermado considerablemente las posibilidades de la Democracia Cristiana, que a renglón seguido, casi sin haberse repuesto del golpe, sufre en las elecciones regionales de Cerdeña un nuevo traspiés. ¿Será, se preguntan los observadores políticos, que el partido de mayoría relativa... ha dejado de ser el eje diamantino de la República Italiana?

A sus íntimos, sin embargo, Fanfani les explica que la Democracia Cristiana no podía hacer otra cosa que combatir contra el divorcio, para ser coherente con sus ideales. Existía, además, el peligro, de no haber adoptado una clara postura antidivorcista de dar paso a un nuevo partido católico, que situado a su derecha, recolectase los votos antidivorcistas, y se alzase con una bandera abandonada por los democristianos. Para Fanfani no tienen valor aquellas críticas que le achacan connivencia con el Movimiento Social Italiano. «Era una batalla diversa, aunque tanto ellos como nosotros lucharemos contra el divorcio», dice.

* * *

Con serenidad, sin perder los nervios, aceptan el contratiempo, el profesor Gabrio Lombardi y sus compañeros del Comité Pro-Referéndum contra el Divorcio. «Hemos hecho, afirma apenas conoce los resultados, lo que teníamos que hacer. Hemos seguido al pie de la letra aquello que decía un ilustre español, San Ignacio de Loyola: *Obra como si todo dependiense de ti y deja luego que resuelva la Providencia*».

Pocas horas después puntualizaba: «Estamos tranquilos, ahora, que centenares de miles de víctimas del divorcio, en los próximos decenios —las mujeres sacrificadas al egoísmo de los hombres, los hijos sacrificados al egoísmo de sus padres—, gritarán venganza no contra nosotros, sino contra aquellos (que son millones) que a pesar de sentir la llamada de sus conciencias, invitándoles a votar sí, han votado, en cambio, no, por inicuos fines políticos... que han votado no, porque se debía hacer lo posible para que fallase el primer referéndum que democráticamente alargaba a todo el pueblo la participación directa, en la decisión sobre problemas de la vida asociada, poniendo en peligro la hegemonía oligárquica de la clase política y porque se debía aprovechar la ocasión para intentar poner en dificultad a un hombre político del propio partido, que había asumido, en primera persona, la responsabilidad de no defraudar, ulteriormente, la Constitución.»

«Todos los peores motivos del oportunismo —añadía Lombardi— que desde hace tres años habían jugado para demorar el referéndum, han confluido en una decisión que para muchos ha sido *contra conciencia;* para otros ha sido *según conciencia,* o mejor dicho según *una conciencia* que no puede reconocerse desviada frente a los principios morales en los cuales se dice creer. Son precisamente *estos varios millones de traidores a su propia conciencia,* quienes nos dan pena; porque quien está dispuesto a traicionar a su propia conciencia jamás podrá llegar a ser un hombre libre, protagonista de una comunidad de hombres libres.»

«Diverso discurso —concluía Lombardi— ha de hacerse a quienes han votado no, persuadidos sinceramente —nosotros consideramos que en error— que fuese un bien la conservación del divorcio.»

* * *

Aunque en su declaración ya Lombardi apunta contra los católicos del no, yo quise, en una conversación mantenida con él una semana después del referéndum, ir más allá, planteándole la cuestión de si en «las alturas» de la Iglesia no se habían producido dolorosas negligencias que habían, en buena parte, alentado a los contestadores. Lombardi fue muy prudente. Habló de la deserción de las ACLI, del comportamiento ambiguo de la Acción Católica, de la pasividad de algunos prelados, pero... no pasó de ahí. «En todo caso, me dijo, hago mías las palabras de un amigo que escribió a nuestro Comité: «Las avalanchas no suben hacia las cumbres; caen sobre el fondo del valle. Nosotros hemos intentado formar un cordón de escaladores; hemos conseguido trece millones: ¡No son pocos!»

Una declaración final e interesante del profesor Lombardi: «Una vez celebrado el referéndum teníamos pensado disolvernos... Pero estamos considerando la cuestión: tal como están las cosas en Italia, quizá será mejor mantenernos unidos para arrostrar otras batallas. Porque ya se vislumbra como una posible amenaza la ley de legalización del aborto. Y frente a ella, que cuenta con análogos progenitores que la Ley del Divorcio, al menos trece millones de italianos tendrán algo que decir.»

* * *

Aunque un tanto fuera del puente de mando de la Democracia Cristiana, Guido Gonella es siempre una voz autorizada, digna de tener en cuenta. En la batalla contra el divorcio se batió con ímpetus juveniles. Yo le recuerdo frente a Giancarlo Pajetta, el más áspero y batallador polemista del Partido Comunista en un coloquio celebrado ante las cámaras de la RAI-Televisión italiana. Pajetta le recordaba los años de lucha en común, cuando peleaban juntos en la Resistencia contra los residuos del fascismo.

Y Gonella, insistiendo en un tratamiento cortés y amistoso —«caro Pajetta», repetía—, defendía sus puntos de vista replicando que «entonces» se luchaba por ideales nobilísimos —la libertad de la patria—, mientras que ahora se discutía sobre el divorcio, que suponía un daño para la sociedad italiana.

«El divorcio es la obra maestra de doce años de centro-izquierda Es la ley más importante que pasará a la historia para cualificar este período. El divorcio pertenece al centro-izquierda. Simboliza el centro-izquierda. En el Parlamento y en el país la Democracia Cristiana ha combatido bien contra aquél. Pero ha perdido. Su responsabilidad mayor está en haber buscado aliados sin establecer con ellos previamente que el principio de la indisolubilidad del matrimonio era intocable. Debía haber sido ésta una condición puesta por la Democracia Cristiana al comienzo de cada nueva experiencia de gobierno. Muchos de nosotros lo dijimos: Y repetidamente. Pero nunca se nos escuchó. Al final se ha pagado un alto precio.»

* * *

Si no se formó, como Fanfani temía, un segundo partido a la derecha de la Democracia Cristiana, tampoco, de momento, existe el peligro de que surja otro grupo, *más o menos* cristiano, a la izquierda. Los mentores de los grupos católicos que se inclinaron por el no, con matices diversos, decidieron, en una reunión celebrada en Roma, un mes después del referéndum, no dar vida a un nuevo partido político, si bien expresaban su deseo de mantenerse en contacto, con comités a niveles diversos, para actuar como de levadura contra el integralismo de la Democracia Cristiana. El propósito de los católicos «democráticos» es alentar a los grupos de «resistencia» progresista que existen dentro del Partido de mayoría relativa, para imponer al mismo un nuevo rumbo político.

Y este sería el resultado más sorprendente —pero en cierto modo el «más lógico»— del referéndum del 12 de mayo. Que una vez probada la existencia de una mayoría laica, dando a esta palabra su más amplia dimensión, a la

Italia del centro-izquierda (doce años de colaboración entre católicos y socialistas) sucediera la República conciliar; la común administración del poder por católicos y comunistas. Hay quien cree que sólo la entrada del Partido Comunista Italiano en la órbita del gobierno pondría fin a los males de Italia.

* * *

Casi un mes después del referéndum, el 8 de junio, el Papa, que había declarado horas después de conocer los resultados del referéndum «La ley de Dios continúa»... cerraba el capítulo del drama, reclamando a los católicos a la obediencia. En la Capilla Sixtina, allí mismo donde el Cónclave le designó como sucesor de Juan XXIII, dijo a los obispos italianos que habían celebrado reunión plenaria, refiriéndose concretamente al tema: «El acontecimiento nos ha procurado la dolorosa confirmación de ver documentado el hecho de que tantos ciudadanos de este siempre dilectísimo país no se han mostrado solidarios en un experimento relativo a una cuestión —la indisolubilidad del matrimonio—, que habría debido, por indiscutibles razones civiles y religiosas, encontrarles más acordes y más comprensivas». Luego, aludiendo a los católicos del «no», añadió: «Nos no haremos de esto un argumento de la ya superada polémica. Haremos más bien un paterno llamamiento a los eclesiásticos y a los religiosos, a los hombres de cultura y de acción, y a tantos carísimos fieles y laicos de educación católica, los cuales no han tenido en cuenta en tal ocasión la fidelidad debida a un explícito mandamiento evangélico, a un claro principio de derecho natural, a un respetuoso reclamo a la disciplina y a la comunión eclesial, tan sagazmente enunciada por esta Conferencia Episcopal y por Nos mismos convalidado: les exhortamos a todos a dar testimonio de su declarado amor a la Iglesia.»

No era una absolución a los católicos del no, pero sí —y así lo entendieron los expertos vaticanistas— una amable invitación, una mano tendida, para que los *equivocados* volvieran al redil. Hasta ahora, sin embargo, ninguno de los promotores del no han acogido tan caritativa sugestión.

* * *

En Italia, aprobado y confirmado el divorcio, queda

ahora por hacer algunas adecuaciones legales, como poner el Código Civil de acuerdo con la Ley Fortuna-Baslini. Pero ese es un menester puramente técnico. Asimismo ha de acometerse —y en eso anda ya la diplomacia de la Santa Sede— la tarea de corregir el concordato de 1929, indudablemente violado por Italia, en cuanto que tal instrumento jurídico confiaba las causas matrimoniales canónicas a los tribunales eclesiásticos. Al poder romper tales uniones, con el eufemismo de «el cese de los efectos civiles» de los matrimonios concordatarios —no cabe duda que el Estado italiano ha invadido, cualquiera que sea el particular parecer sobre el divorcio— una parcela donde existía una coincidencia acordada de las altas partes contratantes.

Porque ahora se da el monstruoso caso de que el ministro católico que asiste al intercambio de la promesa de los esposos, ministros del sacramento, al dar su bendición no dice a los contrayentes que aquel matrimonio que es válido para la ley civil, en virtud de la posterior anotación, puede ser roto, sin que la Iglesia diga una sola palabra, por una sentencia de la Magistratura ordinaria.

Yo le exponía este problema a un párroco romano —que por cierto formaba parte de los contrarios a cualquier indicación o sugerencia contra el divorcio («creo, me decía, en vísperas del referéndum, que cada cual ha de resolver este problema del voto, según su propia conciencia, porque se trata de juzgar una ley civil, y los católicos italianos son desde hace tiempo mayores de edad»)— y recibía una respuesta vaga. «Los cónyuges saben que ahora la indisolubilidad no está garantizada por la ley civil; han de vivirla en la plena comunión de amor, de unión perenne que el sacramento significa. No hace falta explicarles nada a los esposos... bien al corriente, cuando se presentan ante el altar, de que civilmente su matrimonio puede terminar en un divorcio».

XXV. ESPAÑA Y EL DIVORCIO

Con la confirmación, a través del referéndum, de la Ley Fortuna-Baslini, Italia se afirma como nación divorcista; abandona el pequeño club de los países que no admiten la ruptura vincular —España, Irlanda, Malta, Andorra...—, por razones de índole diversa, o el grupo, aún menor, de aquellos que condicionan su otorgamiento a la celebración civil de la boda, como sucede, por ejemplo, en Portugal, donde aceptado el divorcio en 1911, tras la consolidación de la República, quedó reducido, desde 1940, cuando fue firmado el concordato con la Santa Sede, a los matrimonios civiles tan sólo.

Los resultados del referéndum italiano, acogidos con complacencia fuera de Italia, han abierto significativas polémicas en el breve mundo no-divorcista. En Irlanda, después de la derogación de la confesionalidad del Estado —nota distintiva de la República del Eire, tan identificada con las creencias católicas de sus habitantes—, no existen, por tanto, obstáculos políticos, para que el Estado promueva una ley del divorcio, como la ya existente en Inglaterra y en Irlanda del Norte. En Portugal, tras la alborada revolucionaria del 25 de abril, han surgido ya movimientos de opinión que reclaman una Ley del divorcio «para todos los matrimonios». Decaído, tanto en Lisboa como en Roma, el espíritu que animó el Concordato de 1940, la revisión del mismo, habrá de tocar el espinoso tema. Pero es probable que aún antes de que el Vaticano y Lisboa lleguen a una coincidencia sobre el particular, Portugal tome la iniciativa y la reforma se implante con el beneplácito del medio millón largo de portugueses, que según estadísticas no oficiales, viven, en lo que al matrimonio legal se refiere, «fuera de la ley». No es precisamente el país vecino un paraíso donde reine la concordia conyugal... en todos los hogares. La Iglesia portuguesa, después de sus prisas por hacerse perdonar su colaboración con el régimen salazarista, harto hará, si llega el caso, con manifestarse cuando más su simbólica e inoperante contrariedad.

Pero... ¿y España? Según el escritor católico Miret Magdalena, en un artículo publicado en la revista «Triunfo», el divorcio es deseado «por muchas personas no sólo apartadas de las creencias religiosas, sino también por un creciente número de católicos». Las encuestas llevadas a cabo parecen indicarlo así. Hace pocos años, en un sondeo, el índice de divorcistas alcanzaba el 70 por 100 de los consultados. Si se hiciera ahora, después del referéndum italiano (seguido con tanto interés desde España), se elevaría seguramente la proporción. Y en el alza habrían influido la conducta de los católicos italianos, divididos ante el problema.

¿Existen razones objetivas para que el divorcio se presente en España como solución o medicina para los matrimonios naufragados? Indudablemente, la secularización de nuestra sociedad es un hecho fatal e irreversible. Hay un general enfríamiento de la fe, reflejo de la crisis general que la propia Iglesia sufre. Decaen valores espirituales, considerados intangibles hasta hace pocos años. Y el drama se traduce, lógicamente, en la vida familiar. El dinamismo de la sociedad moderna, el trabajo de la mujer fuera de casa, la emigración forzada de tantos españoles, el tono permisivo de las relaciones humanas... fragilizan el matrimonio y el número de rupturas aumenta considerablemente, aunque no siempre se llegue, por las complicaciones y el alto costo que el pleito supone, a una sentencia judicial eclesiástica. (En España, como es sabido, el divorcio «menos pleno», la separación, es materia de competencia canónica; sólo los matrimonios contraídos civilmente, dirimen sus causas ante la jurisdicción civil.)

¿Cuántos son en España los matrimonios rotos, de hecho o de derecho? No hay estadísticas serias, pero no es aventurado pensar que se acercan al millón las parejas desunidas. Una tercera parte de ellas (sobre todo cuando los cónyuges son jóvenes) se arreglaron por «su cuenta», dando vida a uniones irregulares, con hijos que han de soportar una discriminación jurídica infamante.

Es lógico que la idea de «un divorcio» se levante, como ilusión, en el horizonte de muchos españoles. La aparición de asociaciones o clubs de mujeres separadas es una prueba de la mentalización de los «interesados» en soluciones definitivas, aunque resulten contrarias a la fe católica de los protagonistas.

* * *

Las leyes constitucionales españolas, insistiendo en la vinculación al dogma y a la moral de la Iglesia católica, suponen un firme valladar a cualquier aventura divorcista. Haría falta revocar la confesionalidad del Estado, para dar paso libre a una ley del divorcio. Hay un artículo en el Fuero de los Españoles —una de nuestras Leyes Fundamentales, el 22, que en su párrafo segundo es bien preciso—. Se dice en el mismo que el matrimonio, en España, es «uno e indisoluble». No se distingue entre el contraído en la Iglesia (que según la divertida redacción del Código Civil «deben» contraer los católicos) y el celebrado civilmente.

La afirmación sobre la indisolubilidad del matrimonio —recoje una larguísima tradición jurídica española, rota tan sólo por la ley del divorcio de la Segunda República, promulgada el 2 de marzo de 1932. Tanto los viejos fueros municipales como la Ley de Partidas se acomodaron, desde las profundidades de la Edad Media, a la ley restrictiva de la Iglesia de Roma. La Ley de Partidas admite la separación, pero no la ruptura vincular. Y si algún monarca de aquellos tiempos se saltó a la torera la ley civil y la de la Iglesia, no faltaron juristas de cámara que justificaron el pleito. Pero la mejor salida legal, cuando convenía a las altas razones de la política, era acudir a la declaración de nulidad canónica, concedida a los monarcas con cierta generosidad.

La Real Cédula de 1564 admitió, para España, la doctrina de Trento; posteriores leyes, de 1823 y 1837, confirmarían los criterios restrictivos de nuestra legislación, acomodada a las enseñanzas de la Iglesia, en tan delicada materia.

A la Primera República no le dio tiempo a enmendar la plana. Hubo, sin embargo, en 1875 una ley del matrimonio civil, que podía ser el preludio de una apertura; pero el Código Civil de 1888 defendió «la moralidad del hogar doméstico» y eludió el tema divorcista.

Hasta la primavera de 1931, no se planteó, en serio, la posibilidad de una ley del divorcio pleno. Hasta entonces «la separación de lecho, mesa y habitación», aceptada por el Código Civil era la única salida cuando se derrumbaba el matrimonio. Un tratadista llamaba a «eso» algo así como «la caricatura formal y respetable del divorcio». Porque los cónyuges *divorciados* no podían pasar a nuevas nupcias. Se interrumpía, simplemente, la vida matrimonial, procurando a los hijos idéntico trauma que el divorcio de verdad.

Ya en el anteproyecto de la constitución republicana preparado por una comisión de *notables,* se planteó la necesidad de introducir en la legislación española la ruptura vincular. Se decidió que la misma pudiera solicitarse por la mujer sin alegar causa alguna; por el marido, justificándola en algún motivo de los enumerados en la futura ley. Se recogía, así, la experiencia del divorcio en Uruguay, donde el legislador estimando que la esposa es la parte débil del matrimonio no le impone explicación alguna cuando se trata de romper el matrimonio. Razona: «Cuando pide el divorcio es porque no puede... más.» En la comisión preparatoria de la Ley Constitucional, se atacó tal criterio. Don Basilio Alvarez, que era un cura secularizado (a pesar de que jamás prescindió de la sotana, para mayor escándalo de la jerarquía), se opuso rotundamente: «Queréis, dijo a sus colegas de la comisión, convertir en ley el histerismo.» Total: no prosperó la idea... y en el texto de la Constitución de la República, la novedad se introdujo —con la consabida oposición de las escasas fuerzas católicas presentes en las Cortes Constituyentes—, en el artículo 43, donde se leía: «El matrimonio se funda en la igualdad de derechos para ambos sexos, y podrá disolverse por mutuo consenso o a petición de cualquiera de los cónyuges, con alegación, en este caso, de justa causa.»

La Constitución de la República fue promulgada el 9 de diciembre de 1931; la ley del divorcio, apoyada en ella —las Cortes constituyentes prolongaron su vida como legislatura ordinaria—, no se hizo esperar. La discusión de la misma en febrero de 1932 resultó muy movida. Clara Campoamor, una de las tres mujeres diputados (lerrouxista, también, como don Basilio Alvarez) fue una de las más tenaces defensoras de la innovación.

Hubo, en el curso de los debates, desgarradores discursos en favor y en contra del divorcio. Y algunas divertidas interrupciones. En una sesión, mientras recitaba sus cautelas don Angel Ossorio Gallardo, vestal de la jurisdicidad —un diputado que se titulaba «monárquico... sin rey»—, y tras citar a Compte, Herriot y Pérez Galdós recordaba el drama de la descendencia, abandonada por unos padres egoístas, que rompían su matrimonio, dejó en el aire esta frase: «... el divorcio quizás vaya bien en algunos casos, pero... ¿qué hacemos con los hijos?» Y don Joaquín Pérez Madrigal, radicalsocialista, ingenioso «jabalí» de hiriente colmillo, que no desaprovechaba la ocasión para dejar en ridículo a los oradores grandilocuentes, sin distinguir preferencias políticas, le replicó: «Al de su señoría... ya lo hemos hecho subsecretario.»

* * *

Hasta la referida alusión a la Constitución al tema, el divorcio había sido en España, un argumento «difícil». Estaba en el ánimo de muchos su posible utilidad, como remedio heroico, pero nadie se atrevía a plantearlo sino como divagación lejana a la realidad de la vida española.

La casualidad ha puesto en mis manos un libro titulado «El divorcio en España», publicado en 1904, donde una escritora muy leída entonces, Carmen de Burgos, «Colombine» recogía las opiniones de medio centenar de españoles ilustres sobre el particular. La encuesta, según ella misma cuenta, en el prólogo, surgió al comentar ella, en las páginas del «Diario Universal», en la crónica que publicaba diariamente, una noticia relativa a la posible creación en Madrid de un Club «de matrimonios mal avenidos». Aquel club propuesto, tenía como objetivo reunir a los cónyuges «naufragados» de forma que, conjuntamente, pudieran discutir sus problemas y estudiar una posible solución jurídica. Se pensaba, entonces, que del exacto conocimiento de la casuística matrimonial —de los matrimonios en ruinas, se entiende—, podían salir las bases de una ley del divorcio, que las Cortes —la Cámara de Diputados y el Senado—, podían discutir y aprobar..., «algún día».

«Colombine» reunió, en total, 1.836 respuestas, aunque sólo publicó, en su libro, menos de una décima parte de ellas. Del examen de aquellas deducía «Colombine» que en pro del divorcio se había manifestado «una considerable mayoría». En efecto, en contra sólo se habían manifestado 320 votos. Decía la escritora: «Se observa que los hombres de ideas avanzadas fueron los que con más ardor acudieron a exponer sus opiniones en pro del divorcio, mientras que los que gozan fama de fervientes católicos se abstuvieron de dar la suya. Los defensores del matrimonio indisoluble fueron pocos y tibios los argumentos basados *en la ciega fe que no discute.*»

* * *

Entre los defensores del divorcio figuraba don Pío Baroja, que no vacilaba en declarar: «Soy partidario acérrimo de que se implante en España esa forma social.» Luego, tras insistir en «la frialdad de los españoles» («...somos, decía, un pueblo enclenque y débil, cruel y sin pasiones fuertes») —una frase que tantas veces quedó en entredicho en sus novelas—, argumentaba: «Soy partidario del divorcio, porque todo lo que sirva para resquebrajar esta costra de leyes, de preceptos, de costumbres, de dogmas intangibles e inmutables que no nos dejan vivir, me parece bueno. Soy partidario del divorcio porque creo que hay que afirmar que todo es revocable, que nada es definitivo, que todo puede transformarse y mejorar. Contra esa idea evolutiva está el sentimiento católico de lo inmutable, de lo doctrinario, de lo dogmático, que entre los españoles se da lo mismo en los que se llaman avanzados, que en los que se consideran reaccionarios, lo mismo en Salmerón que en Nocedal, en Unamuno que en el padre Coloma.»

No deja de ser sorprendente que, en oposición a don Pío (siempre dispuesto a escandalizar, dicho sea sin ánimo de ofender su memoria: «Escandalizar es algo; cuando la moral es absurda, decía, el escándalo puede ser una forma de la buena moral»), se pronunciará don Miguel de Unamuno, que después de confesar que nunca se había interesado por la cuestión del divorcio («No he llegado, afirmaba, a formarme opinión propia sobre ello»), escribía: «Me pasa con eso del divorcio lo mismo que con las novelas de adulterio: muy rara vez logran interesarme. Todo lo referente a las relaciones entre uno y otro sexo lo he visto siempre como subordinado a problemas de otra índole. De aquí que el feminismo me llame muy poco la atención, considerando que algunas de las cuestiones que plantea lo son de organización y reglamentación del trabajo y otras de cultura general. La mayor parte de los males de que las mujeres se quejan son males que padecemos también los hombres. Por lo que hace al divorcio, nunca he podido ver la familia como una mera unión de marido y mujer, sino que aparte y aún además de los hijos, creo que no es un mero contrato entre los cónyuges. Y pudiera ser que el divorcio trajese mayores males a la vida social que no esa sujeción de los que se casan, a algo superior a ellos y a la familia que forman. Creo además, que el divorcio es un arma contra la mujer. Comprendo muy bien que se combata el matrimonio en cuanto sacramento religioso o contrato legalizado civilmente, y se propague la libre unión de hombre y mujer, pero me explico mal que se trate de desnaturalizarlo. O herrar o quitar el banco. Como verá, terminaba el ilustre escritor, mis opiniones a este respecto son de las más tímidas, de las más atrasadas, de las más aburguesadas y de las menos innovadoras que caben. Lo reconozco, pero no he conseguido hacerme otras.»

En favor del divorcio se manifestaban Manuel Bueno —«El divorcio, escribía, es sano y moral»—, Angel María Castell, «Los que sostienen que donde hay ley del divorcio triunfa la corrupción olvidan, sin duda, que también hubo corruptores y disolutos, y triunfó la liviandad, el adulterio y el crimen social en los tiempos históricos de intolerancia», —Joaquín Dicenta—, «Creo el divorcio tan necesario, mientras exista el matrimonio, como la quinina y con usted (con «Colombine»), por el divorcio» —Francisco Giner—, «Soy, por completo, en interés de la moral, de la dignidad y de la santidad del matrimonio favorable al divorcio» —Antonio Zozoya—, «Frente al *homo non separet,* está la ley suprema del amor, que por esencia y naturaleza es libre», y, en fin, —Vicente Blasco Ibáñez—, «Soy partidario del divorcio, porque creo en el amor y no en el matrimonio».

Entre los que eludieron una respuesta clara, aunque algunos fueran contrarios al divorcio, se hallaban la novelista doña Emilia Pardo Bazán, «No dispongo de tiempo», el escritor —Dionisio Pérez— «No he meditado seriamente sobre el divorcio», y los políticos don Raimundo Fernández Villaverde, don Francisco Silvela, el marqués de la Vega de Armijo, don Antonio Maura, don José Canalejas y don Gumersindo de Azcárate.

Contra el divorcio se manifestaron claramente, aparte de don Miguel de Unamuno, el político Romero Robledo, la escritora María de Echarri y don Fernando Colón.

* * *

Otro interesante sondeo sobre el tema, hecho a raíz de la proclamación de la República, en aquella movida primavera de 1931, puso de manifiesto que el clima para introducir en la legislación española la ruptura vincular era propicio.

La encuesta fue promovida por la revista *Estampa* de Madrid, muy leída por la sufrida clase media española. Resulta curioso como un cuarto de siglo después de aquella «indagación» llevada a cabo por «Colombine» salían a relucir casi los mismos argumentos en favor y en contra del divorcio.

La pregunta que *Estampa* hacía era: «¿Debe implantarse el divorcio en España?» No se pedía la opinión personal sobre el tema sino que se planteaba la oportunidad de dar cabida a la institución en el ordenamiento jurídico español.

Las respuestas fueron, en general, favorables al divorcio.

Había quien tomaba en serio la cuestión; otros echaban por los cerros del humorismo. Luisita Esteso, por ejemplo, decía: «El divorcio me parece tan necesario como la calefacción en Siberia.» Faustino Bretaño, el popularísimo cómico, argumentaba: «No puedo contestar ahora a la encuesta porque estoy recién casado y desde que me casé trabajo todos los días. Cuando lleve parado un par de meses ya contestaré y seré bastante extenso. La forma la leerán ustedes en la sección de sucesos de los periódicos.» Luis de Tapia, un escritor que comentaba en verso la actualidad política en un diario madrileño, afirmaba: «Yo prefiero a la implantación del divorcio, la implantación de la poligamia. Y... cuanto antes, porque la primavera se está acabando.» José Lasalle, respondía: «Desde la implantación del matrimonio, a partir del día en que una manzana... y un bicho inombrable trajeron tan fatales consecuencia para la humanidad, el hombre no ha encontrado hasta hoy, para librarse de tan terrible mal, otro paliativo que el divorcio. Por tanto debe irse, decididamente, a implantarlo, con la condición de no reincidir, porque en las enfermedades las recaídas son mortales de necesidad.» Wenceslao Fernández Flórez, daba una opinión, que recordaba, bastante, la de Joaquín Dicenta, en 1904: «¿Qué si debe implantarse el divorcio en España? Es como si me preguntasen ustedes qué pienso de la quinina, aisladamente, la quinina no me interesa nada: pero mientras existan ciertas enfermedades la quinina tiene todas mis simpatías. Si ustedes citan delante de mí el paludismo, me acuerdo de la quinina automáticamente. Si ustedes me hablan del matrimonio, automáticamente también, pienso en el divorcio, que es su contraveneno. El divorcio debe existir como una precaución, como un medio de evadirse del sufrimiento. Indagar si el divorcio es conveniente, viene a ser lo mismo que inquirir si debe haber extintores de incendio en los teatros o lanchas salvavidas en los buques; pero a nadie se le ocurría suprimir las precauciones alegando la infrecuencia de los accidentes. Debatir aún la necesidad del divorcio es una clara revelación de atraso. Ahora estamos en el momento de preguntarnos si debe existir el matrimonio, tal y como esta concebido, y por ahí adelante ya se ocupan de esta cuestión. Adviértase que el argumento de la disolución de la familia —que esgrimen como principal los atrasados—, no tiene valor ni aún en España donde *la separación de cuerpos*, admitida por la Ley, y practicada, destruye igualmente el hogar. Pero... razonar acerca de este asunto es como salir ahora defendiendo la teoría de que la Tierra es redonda.» El actor Manuel González, para no ser menos, también bromeaba: «En vez de implantar el divorcio, creo que debería suprimirse el matrimonio. Se ahorrarían tramitaciones y gastos y todos los hijos serían legítimos.»

Ya más en serio, con razones personales o jurídicas, abundaban en favor del divorcio, figuras conocidas de la política, de las artes y de las letras. Sin hacer alardes de ingenios votaban «a favor», Indalecio Prieto, Manuel Azaña, Marcelino Domingo, Francisco Largo Caballero, Gabriel Alomar, Alvaro de Albornoz, Casares Quiroga... El Ministro de Justicia, el catedrático don Fernando de los Ríos, era más explícito: «El divorcio, decía, es la única fórmula jurídica con que subsanar los grandes errores sentimentales en la elección matrimonail. Es la regla de Derecho que permite dejar en situación limpia y noble a quienes, constituidos en familia, ven impelidas sus conciencias o sus conductas en direcciones opuestas. El divorcio no es una fórmula ideal pero si la que corresponde a la relatividad de la justicia.» Angel Galarza, otro personaje de la República, se declaraba «partidario» y puntualizaba: «Hay que llegar a que el contrato matrimonial se rija por la voluntad de las partes. Mientras sea acorde, subsistirá el vínculo, si el amor une; el desacuerdo de voluntades producirá la separación, con libertad plena para crear una nueva relación matrimonial.» Luis Nicolau D'Olwer, en fin, declaraba: «El divorcio es un complemento natural del matrimonio civil, pero debe consentirse únicamente en el caso de que la vida en común resulte imposible. Dar excesivas facilidades para conseguirlo sería destruir la institución de la familia.» Otra opinión de paso, por aquellos días, era la de Ramón Franco, el heroico comandante del «Plus Ultra», metido a político: «El divorcio, afirmaba, va ligado a la liberación económica de la mujer. Serían de desear ambas cosas.»

Asimismo, a favor se manifestaban la actriz María Guerrero, la estrella de la revista, Olvido Rodríguez, Conchita Rey, la cantante Conchita Piquer («Que se implante con urgencia» proclamaba.) La escritora Concha Espina, opinaba así: «Sí; creo, hace mucho tiempo, que es un deber social, ineludible, la implantación del divorcio en España, legalizado en una forma civil, equivalente a las razones en que la Iglesia autoriza y decreta la separación de bienes y cuerpos, y el reparto de obligaciones con respecto a los hijos.» Clara Campoamor, que luego en el Parlamento, defendería la ley, se extendía, en la argumentación: «El divorcio vincular, precisaba, debe ser implantado en España, por las leyes de la República. Es una de las mínimas conquistas del progreso legislativo, científico y universal, que un país que aspira a airear su derecho, ha de reclamar e imponer. Las razones jurídicas y sociales que justifican la demanda son muy sólidas y numerosas, y por su carácter no es posible ni necesario enumerarlas. Digamos tan sólo que el divorcio tiene, entre otras varias formas de justificación y necesidad, la de imponer la supremacía del poder civil sobre todos los demás fueros. Comprendemos que para el sentimiento católico, la categoría de sacramentos plantea la consecuencia de su indisolubilidad. Para el fuero civil, el concepto y el problema son distintos. El divorcio es una de las modificaciones más urgentes y clamorosas de la futura legislación republicana española.» Sara Insúa después de declarar que a su juicio, el matrimonio es un contrato que entraña «una serie de estipulaciones» a las que voluntariamente se sujetan los contratantes, resolvía: «El divorcio ni disuelve la familia ni crea conflictos de vida interior que sean más crueles e insoportables que los que nacen de la falta de amor y de respeto mutuo entre los cónyuges.» Margarita Xirgu, la gran actriz dramática, sentenciaba: «Soy partidaria del divorcio y su implantación en España estaría a tono con las modernas corrientes jurídicas de los países democráticos.»

Contra el divorcio, en cambio, se manifestaron el Presidente del Gobierno provisional de la República, Alcalá-Zamora y el entonces Ministro de la Gobernación, don Miguel Maura. Este último decía: «Rotundamente, no. El predominio del sentimiento católico en la conciencia española haría de ese tema, con sólo plantearlo, una fuente de discordias absolutamente innecesaria y nociva. Y no dudo que mi modo de pensar es el mismo de la inmensa mayoría del pueblo español.» El jurista don Angel Ossorio y Gallardo, se unía a tal parecer: «Soy partidario, declaraba, de la indisolubilidad del vínculo matrimonial, y, por consiguiente, adversario del divorcio». Ramiro de Maeztu, que aún no había escalado la fama política que después tendría, responde: «No soy partidario del divorcio, aunque ya se que aliviaría mucho dolor inmerecido, porque, desde el día en que se implante, les parecerá mucho más fácil a los maridos abandonar a sus mujeres, y quedaran, por ese parecer, medio disueltos todos los matrimonios existentes.» Un viejo político, que todavía daría mucho juego a la República, se manifestaba también contra el divorcio. Era don Francisco Bergamín; quien afirmaba: «No se puede admitir el divorcio de ningún modo, si se quiere conservar la familia, base de los pueblos y de la sociedad nacional.» Un ilustre catedrático, que se haría famoso por su oposición al Estatuto Catalán, don Antonio Royo Villanova, aún adelantando sus reservas admitía: «Nunca es admisible el divorcio, considerado como la libre y discrecional descisión del matrimonio, sino como una disolución del mismo, cuyos únicos motivos legítimos serían el adulterio y la sevicia. No debe condenarse a la soledad y al abandono moral al cónyuge inocente, que ha sido víctima de la deslealtad o de la barbarie.» María de Maeztu, en fin, decía: «Me parece que es urgente hacer aquellas reformas en el Código Civil que mejoren la situación de la mujer, en el matrimonio, concediéndole, entre otros derechos, el de administrar sus bienes y disponer libremente de ellos; el de la patria potestad, el de conservar su nacionalidad, etc. Es decir, yo pediría aquellas innovaciones sustantivas que hagan en lo posible, innecesario el divorcio.»

Para cerrar esta amplia referencia de la encuesta de *Estampa,* recogeré tres opiniones diversas sobre el tema. Una es la de la actriz, Laura Pinillos, quien advertía: «Los hombres ya son de por sí bastante ligeros de cascos; si se les autoriza para dejar a su mujer legítima cuando les parezca, no se van cansar de andar variando.» Otra, la del torero Vicente Barrea. Declaraba, cuando le preguntaban sobre la posible implantación del divorcio: «¿... y por qué no arreglar antes el matrimonio? Porque el matrimonio puede ser fuente de felicidad o semillero de discordias. Y como no somos perfectos los humanos, conviene el divorcio para enmendar ciertos yerros, que soportados durante toda la existencia nos harían acordarnos del Dante...» Y por último la de Carmen de Burgos, «Colombine», la misma que en 1904, llevo adelante la encuesta ya referida, desde las páginas de *Diario Universal.* Después de recordar su visita al Ministro de Justicia, del Gobierno Provisional de la República, para pedirle que se incluyese el proyecto de ley del divorcio entre las tareas de las Cortes Constituyentes, la escritora explica su interés por el tema: «Estoy persuadida de que el divorcio es un bien para la Humanidad y especialmente para la mujer, que es la más perjudicada en el matrimonio, cuando llega el caso, frecuente en la vida, de que se extingue el amor que unió a los cónyuges. Los enemigos del divorcio se atrincheran en la suerte de los hijos, pero esta es peor en el hogar donde los padres no se respetan. Además, en nuestras leyes se admite la separación, y esta produce los mismos efectos, en lo relativo, a los hijos, que el divorcio. La única diferencia es que los padres no pueden formar un nuevo hogar. Por esto, desde el punto de vista moral, el divorcio tiene grandes ventajas. Con el divorcio se ponen de acuerdo los prejuicios sociales y los impulsos de la Naturaleza. Creo que los legisladores deben mostrarse parcos en dictar disposiciones que lleven aneja la coacción, pero han de ser expansivos y liberales para establecer las llamadas leyes «permisivas». La ley del divorcio no obliga a divorciarse, pero absuelve de su esclavitud a los que están unidos por la fuerza. Fui gran amiga de Alfredo

Naquet, el autor de la ley del divorcio en Francia, al que conocí ya muy anciano. Solía decirme en tono de broma: *El único inconveniente del divorcio es lo mucho que favorece el matrimonio.*»

La ley del divorcio de la República —promulgada el 2 de marzo de 1932—, reclama para los tribunales civiles la plena jurisdicción de las causas matrimoniales —divorcio y separación—, sin hacer distinciones en la forma o en la fecha de la celebración del matrimonio. Así se dice en su primer artículo, de manera rotunda, para evitar equívocos: de lo mismo que se trata de un matrimonio civil que de un matrimonio canónico. Aunque nada se diga a propósito, sigue en vigor cuando dispone el Código Civil (libro I. Título II, sección 3), a propósito de la nulidad de los matrimonios civiles. Como permanece vigente, en todo lo que no se oponga a la ley, el decreto del 3 de noviembre de 1931, que como expediente de urgencia había reglamentado la materia conflictiva matrimonial quitando a la jurisdicción eclesiástica la competencia. Entre otras cosas el referido decreto decía, en su artículo 4.º «No se procederá a la inscripción en el Registro Civil de las sentencias dictadas por los Tribunales eclesiásticos con posterioridad al 14 de abril del corriente año (1931) ni respecto a las mismas acordarán los Tribunales de la jurisdicción ordinaria en sus distintos grados, resolución alguna referente a la ejecución en lo que atañe a los efectos civiles, y principalmente en cuanto se relacione con lo prevenido en los artículos 1.432 y siguientes del Código Civil.» Sin embargo, en el decreto se dejaba subsistente «a virtud del derecho interno de la Iglesia, como persona jurídica» cuanto concernía «al procedimiento canónico de los matrimonios contraídos sólo ante la Iglesia Católica.» En resumidas cuentas, quedaba claro que el Estado no reconocía otro matrimonio que el civil. Los cónyuges, antes o después del mismo, podían celebrar el otro, el canónico. Si se acogían sólo a éste, su unión carecía de efectos legales.

De acuerdo con la indicación constitucional, desarrollada en la ley, el divorcio puede decretarse bien porque lo pidan ambos esposos, de común acuerdo —divorcio consensual—, bien cuando lo solicita uno de los cónyuges, por algunas de las causas señaladas taxativamente en la ley. Que son:

1. Adulterio no consentido o no facilitado por el cónyuge que lo alegue.

2. La bigamia, sin perjuicio de la acción de nulidad, que pueda ejercitar cualquiera de los cónyuges.

3. El intento del marido para prostituir a su mujer y el conato del marido o de la mujer para corromper a sus hijos o prostituir a sus hijas, y la connivencia en su corrupción o prostitución.

4. El desamparo de la familia sin justificación.

5. El abandono culpable del cónyuge durante un año.

6. La ausencia del cónyuge cuando hayan transcurrido dos años desde la fecha de su declaración judicial, computada conforme al artículo 186 del Código Civil.

7. El atentado de un cónyuge contra la vida del otro, de los hijos comunes, o los de uno de aquellos, los malos tratos de obra y las injurias graves.

8. La violación de alguno de los deberes que impone el matrimonio y la conducta inmoral o deshonrosa de uno de los cónyuges, que produzca tal perturbación en las relaciones matrimoniales, que hagan insoportable para el otro cónyuge la continuación de la vida común.

9. La enfermedad contagiosa y grave de carácter venéreo, contraída en relaciones sexuales fuera del matrimonio y después de su celebración, y la contraída antes, que hubiera sido ocultada culposamente al otro cónyuge al tiempo de celebrarlo.

10. La enfermedad grave de la que por presunción razonable haya de esperarse que en su desarrollo produzca incapacidad definitiva para el cumplimiento de algunos de los deberes matrimoniales, y la contagiosa, contraídas ambas antes del matrimonio y culposamente ocultadas al tiempo de celebrarlo.

11. La condena del cónyuge a pena de prisión de libertad por tiempo superior a diez años.

12. La separación de hecho y en distinto domicilio, libremente consentida durante tres años.

13. La enajenación mental de uno de los cónyuges, cuando impida su convivencia espiritual en términos gravemente perjudiciales para la familia, y que excluya toda presunción racional de que aquella pueda restablecerse definitivamente. No podrá decretarse el divorcio en virtud de esta causa, si no queda asegurada la asistencia del enfermo.

La ley establecía algunas limitaciones para el divorcio por mutuo disenso: así, pedía que los cónyuges fueran mayores de edad —a pesar de que se podía contraer matrimonio antes de alcanzar la misma, y exigía que hubiesen pasado por lo menos dos años desde la celebración del matrimonio. En cambio el divorcio mediante causa legítima, podía ser solicitado por el cónyuge inocente «cualquiera que sea su edad» (Sin embargo, el menor de veintitres años habría de comparecer representado por su padre, madre o tutor).

Puntualiza, asimismo, la ley que «no se podrá ejercer la acción pasados seis meses desde que el cónyuge tuvo conocimiento del hecho en que se funda». «Tampoco, se añade, podrá ejercitarse transcurridos cinco años, desde que el hecho se realizó, salvo en los casos de adulterio, en los que el plazo de la prescripción se fija en diez años, y los de atentado de un cónyuge contra la vida del otro, de los hijos comunes o los de uno de aquellos, que no prescribirán.» Cuando la causa se funde en la condena del cónyuge a pena de privación de libertad superior a diez años, será necesario que hayan transcurrido tres años por lo menos de la condena, para formalizar la demanda de divorcio.

En cuanto a la posibilidad de contraer matrimonio, tras la sentencia de divorcio, la Ley distingue: Al culpable le impone un plazo de un año, desde que fue firme la sentencia; cuando se haya decretado el divorcio por la tentativa del marido de prostituir a la mujer, o por el conato del marido o de la mujer para corromper a los hijos o prostituir a las hijas, y en la sentencia conste su culpabilidad, ni la ley prohibe que el cónyuge culpable pueda contraer «válidamente» nuevas nupcias.

La ley se ocupa, como es lógico, de los efectos que el divorcio produce en cuanto a los hijos —cuyos derechos y ventajas permanecen—, señalando que el juez puede establecer lo más conveniente, en determinados casos indicando como los acuerdos sobre el particular, entre los cónyuges, han de merecer la aprobación del juez, a quien se deja amplio arbítrio cuando no haya culpables o lo sean los dos cónyuges. Si la sentencia no indica otra cosa, los hijos menores de cinco años quedan confiados a la madre.

Con la sentencia de divorcio se disuelve la sociedad conyugal y cada una de las partes puede exigir la liquidación y separación de sus bienes.

En cuanto a los alimentos la ley establece que podrá exigirlos del otro, el cónyuge inocente (no específica si el el marido o la mujer), siempre que carezca de bienes propios bastantes para atender a su subsistencia. Esta pensión alimenticia es independiente de la que corresponda a los hijos que queden a su cuidado. La desatención de tal obligación puede acarrear sobre el culpable la pena de prisión de tres meses a un año, o la multa de 500 a 10.000 pesetas. La ley, declara como supletorio el Código Civil —título IV, libro primero—, para todo aquello que no esté previsto en aquella. La custodia de los alimentos será determinada según el artículo 146 del Código Civil, y «será proporcional al caudal o medios de quien los da y a las necesidades de quien los recibe».

La ley del divorcio se ocupa asimismo, de la separación de bienes y personas —del divorcio menos pleno—, que sólo produce «la suspensión de la vida en común de los casados». Esta separación judicial se concede por mutuo consentimiento, por las mismas causas que el divorcio, y, además, «cuando las relaciones matrimoniales hayan sufrido una perturbación profunda por efecto de la diferencia de costumbres, de mentalidad o de religión, entre los dos cónyuges u otra causa de naturaleza análoga que no impliquen culpabilidad de unos de ellos».

La separación, según el artículo 39 de la ley, puede convertirse en divorcio pleno, a petición de ambos cónyuges, pasados dos años a contar de la fecha de la sentencia que decretó aquella, o de uno de ellos, pasados tres. (De esta forma la separación, incluso cuando se decrete por esa perturbación profunda motivada por diferencias de costumbres, mentalidad, etc., puede ser la cómoda antesala de la disolución del vínculo).

Esta «facilidad» —esta puerta falsa—, justifica el comentario de un tratadista, que dice: «Puede afirmarse que nuestra ley es de las más avanzadas del mundo; únicamente Rusia supera esta amplitud favorable al divorcio. Apenas queda garantizada la estabilidad del matrimonio por otro cosa que por el amor, que es, en definitiva, su fundamento ético y su único e indiscutible soberano.»

* * *

Para terminar con el somero examen de la ley, añadiré algunos aspectos procesales de la misma.

El juez competente será el de primera instancia del lugar del domicilio conyugal. Si los cónyuges habitasen en distintos partidos judiciales, el demandante podrá elegir entre el juez del último domicilio del matrimonio o el de la residencia propia.

En la tramitación se distingue entre la separación y el

divorcio por causa justa, y la separación y el divorcio por mutuo disenso, dado que en el primer caso existe un litigio y en el segundo no. Los cónyuges han de comparecer asistidos de procurador que los represente y de abogado que los dirija. La sentencia será dictada bien por la Audiencia provincial (cuando se trata de la separación o divorcio por causa justa) o por el propio Juez (cuando sea por mutuo disenso).

El Ministerio fiscal será parte en el juicio principal y en todas sus incidencias sólo cuando existan menores, ausentes o incapaces.

Cuando se trata de sentencia dictada por la Audiencia provincial cabe interponer recurso de revisión ante el Tribunal Supremo, por algunas de las causas siguientes:

1. Incompetencia de jurisdicción.
2. Violación de las formalidades esenciales del juicio, cuando hubieren producido indefensión.
3. Injusticia notoria.

Tal es, a grandes rasgos, la ley del 2 de marzo de 1932, que quedó suspendida en la zona nacional a poco de producirse el estallido de la guerra civil y que fue derogada, definitivamente en 1938.

* * *

¿Cuántos divorcios se pronunciaron en España, durante la vigencia de ley? Es difícil dar su número exacto porque no hay —o no hemos encontrado— estadísticas, ya que los meses turbulentos de la segunda mitad de 1936 y la guerra impidieron reunir los datos necesarios.

Se sabe que entre 1932 y 1933 se tramitaron 7.059 casos de divorcio, de los cuales se resolvieron con sentencia firme, 4.105. No es aventurado, por tanto, basándose en esas cifras calcular que, en total, se pronunciarían en España —teniendo en cuenta que en la zona republicana, se prodigó el «divorcio fácil» —como máximo— sesenta mil sentencias.

De las estadísticas de 1932-1933, se deduce que la causa más invocada para la ruptura vincular fue la separación anterior superior a tres años. A continuación figuran el abandono del hogar conyugal, el atentado contra la vida del otro cónyuge, el adulterio, etc. El mutuo consentimiento, se invocó en pocas ocasiones: aún menos las enfermedades venéreas.

* * *

En las negociaciones en curso entre España y el Vaticano parece lógico que se toque la cuestión del matrimonio. La Santa Sede a pesar de su prudente actitud frente al divorcio «a la italiana», se mostrará, de cara a España, más intransigente, porque en ese punto hallará de seguro, la conformidad del Episcopado español. Es difícil imaginar a un prelado nuestro encogiéndose de hombros ante el problema.

Pero si en la Italia católica el divorcio ha pasado, con el voto de millones de católicos, fácil es adivinar que, llegado el caso, en España podría ocurrir lo mismo. Cuando en la primavera de 1932, la Segunda República Española levantó la veda «a la caza del divorcio», en la larga cola que se formó solicitando la ruptura abundaban los católicos. Asombraría hoy la lista de quienes una vez divorciados contrajeran matrimonio civil y... así siguen, soportando, en muchos casos el «chantaje» de la primera esposa o del primer marido que, con arreglo a la legislación vigente, tuvo en sus manos la opción de declarar nulo el segundo matrimonio civil del otro cónyuge y no lo hizo por consideraciones... económicas.

* * *

Parece lógico repito, que una pretendida introducción del divorcio en España —siempre difícil, a nuestro parecer—, exigiría una reforma general del derecho matrimonial, que significaría de algún modo, volver a la supremacía legal del matrimonio civil, como ocurría durante la República, cuando el matrimonio canónico era una cuestión privada, que no merecía reconocimiento oficial alguno. Las parejas, por lo general, cumplían el rito civil, como trámite obligatorio, y sólo celebraban «a lo grande» la boda religiosa.

Pero, luego, en caso de ruptura, los tribunales no contemplaban sino el matrimonio civil, único válido para la ley. (Lo que no significaba que al margen del pleito del divorcio, una pareja rota no pudiera intentar por vía canónica la siempre difícil, y entonces aún más, declaración de nulidad.)

Que existe hoy en España una conciencia divorcista, que la gente está mentalizada con el problema, se explica por los actuales medios de comunicación de masa. En otros tiempos, sin esa osmosis informativa que supone colocar los periódicos italianos, del día, en los quioscos de Madrid y Barcelona, sin el amplio eco que la prensa, la radio y la televisión de España han dado al divorcio italiano y al referéndum, el problema habría resultado lejano.

APENDICES

LA LEY FORTUNA-BASLINI

(Gaceta Oficial de la República italiana del 3-12-1970)

La Cámara de los Diputados y el Senado de la República han aprobado y El Presidente de la República promulga la siguiente ley:

Artículo 1

El Juez pronuncia la disolución del matrimonio contraído —según las normas del Código Civil— cuando, realizado inútilmente el intento de reconciliación del que se ocupa el sucesivo artículo número 4, se comprueba que la comunión espiritual y material entre los cónyuges no puede subsistir ni se puede reconstituir dada la existencia de una de las causas previstas en el artículo 3.

Artículo 2

En los casos en los que el matrimonio ha sido celebrado con el rito religioso y ha sido legalmente transcrito, el juez, una vez intentada inútilmente la reconciliación según el artículo 4, y comprobado que la comunión espiritual y material entre los cónyuges no puede subsistir ni se puede reconstituir dada la existencia de una de las causas previstas por el artículo 3, pronuncia el cese de los efectos civiles consecuentes a la transcripción del matrimonio.

Artículo 3

La disolución o el cese de los efectos civiles del matrimonio puede ser demandado por uno de los cónyuges:

1) cuando, después de la celebración del matrimonio, el otro cónyuge haya sido condenado, con sentencia definitiva, incluso por hechos cometidos anteriormente al matrimonio:

a) a cadena perpetua o a reclusión por más de quince años, incluso con más de una sentencia, por uno o más delitos no culposos, excluidos los delitos políticos y los cometidos por motivos de particular valor social o moral;

b) a cualquier pena de detención por el delito que se ocupa el artículo 564 del Código Civil y por los delitos indicados en los artículos 519, 521, 523 y 524 del Código Penal, cometidos en perjuicio de un descendiente o de un hijo adoptivo, o bien por inducción a constricción al cónyuge o a un hijo incluso adoptivo a la prostitución, o bien por explotación o incitación a la prostitución de un desdiente o de un hijo adoptivo.

c) a cualquier pena por homicidio voluntario, en perjuicio de un descendiente a hijo adoptivo o bien por intento de homicidio contra el cónyuge o un descendiente o hijo adoptivo;

d) a cualquier pena de detención, con dos o más condenas, por los delitos indicados en el artículo 582, si subsiste la circunstancia agravante indicada en el segundo párrafo del artículo 583, y en los artículos 570, 572 y 643 del Código Penal, contra el cónyuge o un hijo incluso adoptivo.

En las hipótesis previstas en el punto *d)* el juez, al que compete pronunciar la disolución o el cese de efectos civiles del matrimonio, comprueba, teniendo en cuenta el comportamiento posterior del demandado; su incapacidad para mantener o reconstituir la convivencia familiar.

En todas las hipótesis del punto 1) del presente artículo, la demanda no puede ser propuesta por el cónyuge que ha sido condenado por el delito, ni tampoco cuando la convivencia conyugal se ha restaurado.

2) En los casos en los que:

a) el otro cónyuge ha sido absuelto por vicio completo de mente de uno de los delitos previstos en los puntos *b)* y *c)* del número 1) del presente artículo, cuando el juez al que compete pronunciar la disolución o el cese de los efectos civiles del matrimonio, comprueba la incapacidad del culpable de mantener o restaurar la convivencia familiar.

b) ha sido pronunciada con sentencia definitiva, la separación legal entre los cónyuges, o ha sido homologada la separación consensual, o ha intervenido separación de hecho, siempre que la misma se haya iniciado, al menos dos años antes de la entrada en vigor de la presente ley.

En todos estos casos, o para la proposición de la demanda de disolución o del cese de los efectos civiles del matrimonio, las separaciones deben durar ininterrumpidamente al menos cinco años a partir de la comparecencia de los cónyuges ante el presidente del tribunal en el procedimiento de separación personal; en la separación de hecho, iniciada como indica el punto precedente, los cinco años se contarán desde el cese efectivo de la convivencia.

Cuando haya oposición del cónyuge demandado el término anteriormente indicado se eleva:

— a siete años, en el caso de separación pronunciada por culpa exclusiva del actor;

— a seis años, en caso de separación consensual, homologada en fecha anterior a la entrada en vigor de la presente ley, o en caso de separación de hecho;

c) el procedimiento penal iniciado por los delitos previstos en los puntos *b)* y *c)* del número 1) del presente artículo se ha concluido con la sentencia de no proceder por extinción del delito, cuando el juez competente para pronunciar la disolución o el cese de los efectos civiles del matrimonio, considere que en los actos cometidos subsisten los elementos constitutivos y las condiciones de penalización de tales delitos;

d) el procedimiento penal por incesto se ha concluido con sentencia de absolución o improcedencia que declara no punible el acto por ausencia de escándalo público;

e) el otro cónyuge, ciudadano extranjero, ha obtenido fuera de Italia la anulación o la disolución del matrimonio o ha contraído en el extranjero nuevas nupcias;

f) el matrimonio no ha sido consumado.

Artículo 4

La demanda para obtener la disolución o el cese de los efectos civiles del matrimonio se repone, recurriendo con la exposición de los hechos sobre los que se funda la demanda, al tribunal del lugar en el que el cónyuge convocado tiene la residencia o, en el caso de ser desconocida o de residencia en el extranjero, al tribunal del lugar de residencia del demandante. Del recurso, el canciller da comunicación al oficial del estado civil del lugar donde el matrimonio fue transcrito, para la anotación al margen del acto.

En el recurso se indica la existencia de hijos legítimos, legitimados o adoptados por ambos cónyuges durante el matrimonio.

El presidente del tribunal fija con decreto el día de la comparecencia de los cónyuges ante él y el término para la notificación del recurso y del decreto, y nombre un curador especial cuando el convocado es enfermo de mente o es legalmente incapaz.

Los cónyuges tienen que comparecer ante el presidente del tribunal personalmente, salvo por graves y probados motivos. El presidente debe escuchar a los cónyuges primero separadamente, y después juntos, intentando reconciliarlos. Si los cónyuges se reconcilian, o, de todas maneras, si el cónyuge actor declara no querer proseguir en la demanda, el presidente redacta el proceso verbal de la reconciliación o de la declaración de la renuncia a la acción.

Si el cónyuge convocado no comparece o si la conciliación no se logra, el presidente, una vez escuchados, si lo considera oportuno, a los hijos menores, decreta de oficio, los procedimientos provisionales y urgentes que juzgue necesarios en el interés de los cónyuges y de la prole, nombra al juez instructor y fija la audiencia de comparecencia de las partes ante éste. Este decreto del presidente puede ser revocado o modificado por el juez instructor según el artículo 177 del Código de procedimiento civil.

El presidente del tribunal, si considera con válidos motivos que subsisten concretas posibilidades de reconciliación entre los cónyuges, sobre todo si existen hijos menores, fija la audiencia de comparación ante el juez instructor en un término no superior a un año.

El decreto con el que el presidente fija la audiencia de comparecencia ante el juez instructor se notifica de parte del actor al convocado no comparecido en el término perentorio establecido en el mismo decreto y se comunica al fiscal.

El juez instructor puede disponer de oficio los medios instructorios que considere oportunos.

Artículo 5

El tribunal competente, en caso de contradicción de las partes y con la intervención obligatoria del fiscal, probada la existencia de uno de los casos indicados en el artículo 3 de la presente ley, pronuncia con sentencia la disolución o el cese de los efectos civiles del matrimonio, y ordena al oficial de estado civil del lugar donde fue transcrito el matrimonio que proceda a la anotación de la sentencia.

La mujer recupera el apellido que llevaba anteriormente al matrimonio.

La sentencia puede ser contestada por ambas partes. El fiscal puede, según el artículo 72 del Código de procedimiento civil, proponer la contestación sólo en consideración de los intereses patrimoniales de los hijos menores o legalmente incapaces.

Con la sentencia que pronuncia la disolución o el cese de los efectos civiles del matrimonio, el tribunal dispone, teniendo en cuenta las condiciones económicas de los cónyuges y las razones de la decisión, la obligación de uno de los cónyuges de suministrar a favor del otro, periódicamente, una cantidad proporcional a su patrimonio y a sus entradas. En la determinación de tal cantidad, el juez tiene en cuenta la participación personal y económicas dada por cada uno de los cónyuges al balance familiar y a la formación del patrimonio de ambos. Si las partes se ponen de acuerdo, tal cantidad puede ser entregada en un único pago.

La obligación de este suministro cesa si el cónyuge al que debe ser otorgado pasa a nuevas nupcias.

Artículo 6

La obligación, según los artículos 147 y 148 del Código Civil de mantener, educar e instruir a los hijos nacidos o adoptados durante el matrimonio del que se pronuncie la disolución o el cese de los efectos civiles, continúa incluso si uno o ambos padres pasan a nuevas nupcias.

El tribunal que pronuncia la disolución o el cese de los efectos civiles del matrimonio dispone cual de los cónyuges debe ocuparse de los hijos bajo la vigilancia del juez tutelar, o bien, si existen graves motivos, establece de modo diverso la tutela de los hijos y dispone todas las medidas que considere oportunas para la prole. En todo caso, el padre y la madre siguen teniendo el derecho y la obligación de vigilar la educación de la prole.

La tutela y las medidas que se refieren a los hijos tendrán como exclusivo motivo el interés moral y material de los mismos.

Concretamente, el tribunal establece la medida y el modo con que el otro cónyuge tiene que contribuir a la manutención, a la instrucción y a la educación de los hijos, y dispone además como será administrado el patrimonio de los mismos.

El tribunal, en el caso en que los padres descuiden sus deberes en relación con los hijos menores o legalmente incapaces, puede nombrar un tutor, independientemente de los hechos que constiuyen causa de la pérdida de la patria potestad.

Artículo 7

El segundo párrafo del artículo 252 del Código Civil se modifica de la siguiente manera:

«Los hijos adulterinos pueden ser reconocidos incluso por el progenitor que, en el momento de la concepción estaba unido en matrimonio, siempre que el matrimonio haya sido disuelto por la muerte del otro cónyuge o por sentencia de disolución o de cese de los efectos civiles consecuentes a la transcripción del matrimonio celebrado con rito religioso.»

Artículo 8

El tribunal que pronuncia la disolución o el cese de los efectos civiles del matrimonio puede imponer a quien resulte obligado la prestación de idónea garantía real o personal si existiese el peligro de que éste se substraiga a las obligaciones indicadas en los artículos 5 y 6.

La sentencia constituye título para la inscripción de la hipoteca judicial según el artículo 2.818 del código civil.

El tribunal puede ordenar, incluso con sucesivos procedimientos, que una cuota de las rentas o de los ingresos profesionales del obligado sea entregado directamente a quienes tienen derecho a las prestaciones indicadas en las normas precedentes.

Artículo 9

En el caso en que intervengan justificados motivos después de la sentencia que pronuncia la disolución o el cese de los efectos civiles del matrimonio, el tribunal, a instancia de una parte, puede disponer la revisión de las disposiciones que conciernen la tutela de los hijos y las que conciernen a la medida y al modo de las contribuciones establecidas según los artículos 5 y 6. En caso de muerte del obligado, el tribunal puede disponer que una cuota de la pensión o de otras entradas destinadas al cónyuge en vida se conceda al cónyuge o a los cónyuges respecto a los cuales se haya pronunciado sentencia de disolución o de cese de los efectos civiles del matrimonio.

El tribunal procede reunido, y una vez valoradas las informaciones y oídas las partes y el fiscal.

Artículo 10

La sentencia que pronuncia la disolución o el cese de los efectos civiles del matrimonio, cuando sea definitiva, debe ser transmitida en copia auténtica, bajo responsabilidad del canciller del tribunal o de la Corte que la ha pronunciado, al oficial de estado civil del municipio donde el matrimonio fue transcrito, para las anotaciones y ulteriores prácticas según el Real Decreto del 9 dc julio 1939, número 1.238.

La disolución o el cese de efectos civiles del matrimonio, pronunciados en los casos respectivamente previstos por los artículos 1 y 2 de la presente ley, tienen eficacia a todos los efectos civiles desde el día de anotación de la sentencia.

Artículo 11

Después de la disolución o del cese de los efectos civiles del matrimonio, si el tribunal no ha dispuesto diversamente, ambos progenitores ejercen la patria potestad sobre los hijos de quienes tienen la tutela. El progenitor que tutela los hijos administra los bienes de los mismos con la obligación de dar cuenta anualmente al juez tutelar, y tiene el usufructo de dichos bienes hasta que pasa a el deber de colaborar a la educación y a la instrucción de los hijos.

El otro progenitor, si considera perjudiciales las medidas adoptadas por quien tiene la patria potestad, puede recurrir al juez tutelar indicando las medidas que considera adecuadas.

El juez puede escuchar al hijo si éste ha cumplido los

14 años de edad antes de indicar cual de las medidas deban ser adoptadas.

Artículo 12

Las disposiciones indicadas en los artículos 155, 156, 255, 258, 260, 261 y 262 del Código Civil se aplican, si es oportuno, también en el caso de disolución o de cese de los efectos civiles del matrimonio.

La presente ley, con sello del Estado, será incluida en la colección oficial de leyes y decretos de la República Italiana. Se obliga a todos los que tienen que observarla y a hacerla respetar como ley del Estado.

Firmada en Roma, el día 1 de diciembre de 1970

SARAGAT

Colombo-Reale.

Visto, el Ministro de Justicia: Reale.

LA LEY DEL DIVORCIO EN ESPAÑA DURANTE LA REPUBLICA. 1932

Artículo 1

El divorcio decretado por sentencia firme por los Tribunales civiles disuelve el matrimonio, cualesquiera que hubieran sido la forma y la fecha de su celebración.

Artículo 2

Habrá lugar al divorcio, cuando lo pidan ambos cónyuges de común acuerdo, o uno de ellos por alguna de las causas determinadas en esta ley, siempre con sujeción a lo que en ella se dispone.

Artículo 3

Son causas de divorcio:

1.ª El adulterio no consentido ni facilitado por el cónyuge que lo alegue.

2.ª La bigamia, sin perjuicio de la acción de nulidad que pueda ejercitar cualquiera de los cónyuges.

3.ª La tentativa del marido para prostituir a su mujer y el conato del marido o de la mujer para corromper a sus hijos o prostituir a sus hijas, y la connivencia en su corrupción o prostitución.

4.ª El desamparo de la familia, sin justificación.

5.ª El abandono culpable del cónyuge durante un año.

6.ª La ausencia del cónyuge cuando hayan transcurrido dos años desde la fecha de su declaración judicial, computada conforme al artículo 186 del Código civil.

7.ª El atentado de un cónyuge contra la vida del otro, de los hijos comunes o los de uno de aquéllos, los malos tratamientos de obra y las injurias graves.

8.ª La violación de alguno de los deberes que impone el matrimonio y la conducta inmoral o deshonrosa de uno de los cónyuges, que produzca tal perturbación en las relaciones matrimoniales, que hagan insoportable para el otro cónyuge la continuación de la vida común.

9.ª La enfermedad contagiosa y grave de carácter venéreo, contraída en relaciones sexuales fuera del matrimonio y después de su celebración, y la contraída antes, que hubiera sido ocultada culposamente al otro cónyuge al tiempo de celebrarlo.

10. La enfermedad grave de la que por presunción razonable haya de esperarse que en su desarrollo produzca incapacidad definitiva para el cumplimiento de algunos de los deberes matrimoniales, y la contagiosa, contraídas ambas antes del matrimonio y culposamente ocultadas al tiempo de celebrarlo.

11. La condena del cónyuge a pena de privación de libertad por tiempo superior a diez años.

12. La separación de hecho y en distinto domicilio, libremente consentida durante tres años.

13. La enajenación mental de uno de los cónyuges, cuando impida su convivencia espiritual en términos gravemente perjudiciales para la familia y que excluya toda presunción racional de que aquélla pueda restablecerse definitivamente. No podrá decretarse el divorcio en virtud de esta causa, si no queda asegurada la asistencia del enfermo.

Artículo 4

Tienen capacidad para pedir el divorcio por mutuo disenso los cónyuges que sean mayores de edad. No se podrá ejercitar este derecho si no han transcurrido dos años desde la celebración del matrimonio.

Artículo 5

El divorcio, mediante causa legítima, sólo puede ser pedido por el cónyuge inocente, cualquiera que sea su edad.

Artículo 6

La acción de divorcio se extingue con la muerte de cualquiera de los cónyuges. Sus herederos podrán continuar la demanda o reconvención deducida por el causante a los efectos del artículo 29.

Artículo 7

El cónyuge que esté sufriendo la pena de interdicción podrá pedir por sí mismo el divorcio, alegando justa causa imputable al otro cónyuge.

Artículo 8

No se podrá ejercitar la acción pasados seis meses desde que el cónyuge tuvo conocimiento del hecho en que se funda. Tampoco podrá ejercitarse transcurridos cinco años desde que el hecho se realizó, salvo los casos de adulterio, en los que el plazo de la prescripción se fija en diez años, y los de atentado de un cónyuge contra la vida del otro, de los hijos comunes o los de uno de aquéllos, que no prescriben. Cuando se funde en alguna de las causas cuarta, quinta, sexta, octava, duodécima o décimotercera, podrá ejercitarse la acción mientras subsista el estado de hecho que la motiva. Cuando se funde en la causa número once, será necesario que hayan transcurrido tres años, por lo menos, desde la condena.

Los lazos de prescripción a que se refiere el párrafo anterior no corren mientras los cónyuges vivan separados. Si el cónyuge a quien corresponde la acción de divorcio fuese requerido judicialmente por el otro para que restablezca la comunidad de vida matrimonial o interponga la demanda, volverán a correr los plazos desde la fecha en que el requerimiento se verifique.

Artículo 9

La sentencia declarará culpable cuando proceda al cónyuge que hubiese dado causa al divorcio, o a los dos, en su caso.

Artículo 10

La reconciliación pone término al juicio de divorcio. Los cónyuges deberán ponerla en conocimiento del Juez que entienda en el litigio. Cuando la solicitud de divorcio estuviera fundada en mutuo disenso de los cónyuges, la reconciliación impedirá que vuelvan a intentarlo, sin justa causa, hasta después de transcurridos dos años.

Artículo 11

Por la sentencia firme de divorcio, los cónyuges quedan en libertad de contraer nuevo matrimonio, aunque el culpable sólo podrá contraerlo transcurrido el plazo de un año desde que fue firme la sentencia. La mujer, sin embargo, quedará sujeta a la prohibición del número segundo del artículo 45 del Código civil, debiendo empezar a contarse al plazo de los trescientos un días desde la diligencia judicial de separación de los cónyuges. Esta prohibición no regirá cuando el divorcio se haya decretado en virtud de alguna de las causas quinta, sexta, undécima y duodécima, o por mutuo disenso.

Artículo 12

No podrá contraer válidamente nuevo matrimonio el cónyuge que hubiese sido declarado culpable por la causa tercera del artículo 3.

Artículo 13

Los cónyuges divorciados que no hubiesen celebrado otras nupcias podrán contraer nuevo matrimonio entre sí en cualquier tiempo.

Artículo 14

La disolución del matrimonio no exime a los padres de sus obligaciones para con los hijos. El juez fijará la forma en que el padre o madre que no los conserve en su poder deberá contribuir al cumplimiento de aquéllas.

Son aplicables a este supuesto las disposiciones del artículo 33.

Artículo 15

Los hijos conservan todos los derechos y ventajas que les están asegurados por las leyes, por sus padres o por otras personas; pero no podrán ejercitarlos sino en los mismos casos en que podrían hacerlo de no haber mediado el divorcio.

Artículo 16

Disuelto el matrimonio por cualquiera de las causas primera, segunda, novena, décima, undécima y duodécima, o por mutuo disenso, podrán los cónyuges acordar en poder de cuál de ellos han de quedar los hijos comunes menores de edad. Este acuerdo necesitará la aprobación del Juez.

Artículo 17

A falta de acuerdo, quedarán los hijos en poder del cónyuge inocente. Si ambos fueren culpables o no lo fuese ninguno, la sentencia, teniendo en cuenta la naturaleza de las causas del divorcio y la conveniencia de los hijos, decidirá en poder de cuál de ellos han de quedar, o los mandará proveer de tutor, conforme a las disposiciones del Código civil.

Si la sentencia no hubiere dispuesto otra cosa, la madre tendrá a su cuidado, en todo caso, los hijos menores de cinco años.

Artículo 18

El régimen establecido conforme a los dos artículos anteriores, podrá ser modificado, en virtud de causas graves y en interés de la salud, de la educación o de la buena administración de los bienes de los hijos.

Artículo 19

El cónyuge que hubiere sido privado de los derechos inherentes a la patria potestad, los recobrará a la muerte del otro cónyuge, excepto si hubiera sido declarado culpable del divorcio, fundado en las causas tercera o cuarta, o en el atentado contra la vida de los hijos del matrimonio.

En estos casos podrá recobrarla mediante declaración judicial.

Artículo 20

Aquel de los padres en cuyo poder queden los hijos menores tendrá sobre ellos la patria potestad y, por consiguiente, su representación y el usufructo y administración de sus bienes.

El que no los tenga en su poder conserva el derecho de comunicar con ellos y vigilar su educación en la forma que determine el juez, quien adoptará las medidas necesarias para asegurar el ejercicio de estos derechos.

Artículo 21

El hecho de contraer segundas o ulteriores nupcias el cónyuge divorciado, en cuya guarda hubieren quedado las personas y los bienes de los hijos por él habidos en anterior matrimonio disuelto, no será por sí solo causa para modificar la situación establecida al respecto de dicha prole. Esto no obstante, el Juez podrá determinar lo contrario, a virtud de instancia de parte y cuando, a consecuencia del nuevo matrimonio celebrado por el cónyuge binubo, sobrevengan motivos que racionalmente justifiquen esta resolución. En todo caso en que el segundo o ulterior matrimonio fuere contraído bajo cualquier género de comunidad de bienes, absoluta o relativa, el padre o madre binubos perderán la administración y el usufructo de los bienes de los hijos sometidos a su guarda.

En este supuesto se nombrará judicialmente un gestor del patrimonio de los hijos.

Artículo 22

El plazo de trescientos días que establece el artículo 108 del Código civil empezará a contarse desde la fecha de la diligencia judicial de separación de los cónyuges.

Artículo 23

La sociedad conyugal queda disuelta por la sentencia firme de divorcio, en virtud de la cual cada uno de los cónyuges puede exigir la liquidación y separación de sus bienes.

Artículo 24

Tanto el marido como la mujer adquieren la libre disposición y administración de sus propios bienes y de los que por la liquidación de la sociedad conyugal se les adjudique.

Artículo 25

La demanda de divorcio y la sentencia firme en que se decrete se deberán anotar e inscribir respectivamente en el Registro de la Propiedad que corresponda en cuanto a los bienes inmuebles y derechos reales pertenecientes a la sociedad conyugal.

También se anotará la demanda y se incribirá la sentencia, en los casos en que proceda, en el Registro mercantil correspondiente.

Artículo 26

Cuando los cónyuges divorciados contrajeren nuevo matrimonio entre sí, volverán a regirse los bienes por las mismas reglas que antes de la separación, sin perjuicio de lo que durante ella se hubiere ejecutado legalmente.

Antes de contraer el segundo matrimonio harán constar los contrayentes, por escritura pública, los bienes que nuevamente aporte y éstos serán los que constituyan, respectivamente, el capital propio de cada uno.

En el caso de este artículo se reputará siempre nueva aportación la de todos los bienes, aunque en parte o en todo sean los mismos existentes antes de la liquidación practicada por causa de divorcio.

Artículo 27

El divorcio no autoriza a los cónyuges para ejercitar los derechos estipulados en el supuesto de la muerte de uno de ellos; pero tampoco les perjudicará para su ejercicio cuando llegue aquel caso, salvo lo dispuesto en el artículo siguiente.

Artículo 28

El cónyuge culpable pierde todo lo que le hubiere sido dado o prometido por el inocente o por otra persona en consideración a éste, y el inocente conserva todo cuanto hubiese recibido del culpable, pudiendo, además, reclamar desde luego lo que éste le hubiese prometido, aunque tales beneficios se hubiesen estipulado con cláusula de reciprocidad.

Artículo 29

El cónyuge divorciado no sucede abintestato a su ex consorte, ni tiene derecho a la cuota usufructuaria que establece la sección séptima del capítulo segundo del título III del libro tercero del Código civil, ni a las ventajas de los artículos 1.374 y 1.420 del mismo Código. Si al fallecer el causante estuvieren los cónyuges separados por demanda de divorcio, se esperará el resultado del pleito, si los herederos utilizan la facultad que les concede el artículo 6.

Artículo 30

El cónyuge inocente, cuando carezca de bienes propios bastantes para atender a su subsistencia, podrá exigir del culpable una pensión alimenticia, independiente de la que corresponde a los hijos que tenga a su cuidado.

Si el divorcio se decretare por causa que no implique culpabilidad de ninguno de los cónyuges, ambos podrán exigirse recíprocamente alimentos en su caso.

Artículo 31

El derecho a los alimentos cesará por la muerte del alimentista o por contraer éste nuevo matrimonio o vivir en concubinato.

La obligación del que haya de prestarlos se transmite a sus herederos, dejando a salvo las legítimas cuando sean herederos forzosos.

Artículo 32

Los alimentos se reducirán o aumentarán proporcionalmente, según el aumento o disminución que sufran las necesidades del alimentista y la situación económica del cónyuge obligado a satisfacerlos.

Artículo 33

El alimentista puede exigir la constitución de hipoteca especial sobre los bienes inmuebles del obligado a dar alimentos, suficiente a garantizar el cumplimiento de la obligación. Si el obligado careciese de bienes propios en que constituir la hipoteca o fuesen insuficientes, el Juez determinará, según las circunstancias, las garantías que haya de prestar.

Artículo 34

El cónyuge divorciado que viniendo obligado a prestar pensión alimenticia al otro cónyuge o a los descendientes, en virtud de convenio judicialmente aprobado o de resolución judicial, y que culpablemente dejara de pagarla durante tres meses consecutivos, incurrirá en la pena de prisión de tres meses a un año o multa de 500 a 10.000 pesetas. La reincidencia se castigará en todo caso con pena de prisión.

Artículo 35

En lo que no esté previsto en la presente ley, se aplicarán las disposiciones del título VI, libro primero del Código civil.

Artículo 36

Se puede pedir la separación de personas y bienes sin disolución del vínculo:

1.º Por consentimiento mutuo.

2.º Por las mismas causas que el divorcio.

3.º Cuando las relaciones matrimoniales hayan sufrido una perturbación profunda por efecto de la diferencia de costumbres, de mentalidad o de religión entre los cónyuges u otra causa de naturaleza análoga que no implique culpabilidad de uno de ellos.

En este caso podrá pedir la separación cualquiera de los cónyuges.

Artículo 37

El ejercicio de la acción de separación está sujeto a las normas que para la de divorcio establece el capítulo II de esta ley.

Corresponde al cónyuge inocente optar entre ambas acciones.

Artículo 38

La separación sólo produce la suspensión de la vida común de los casados. En cuanto a los bienes del matrimonio, a la guarda de los hijos y a los alimentos, se estará a lo dispuesto en el capítulo III de esta ley.

Artículo 39

Se dictará sentencia de divorcio a petición de los dos cónyuges, transcurridos dos años, a contar desde la fecha de la sentencia de separación, y a petición de cualquiera de ellos cuando hubieren transcurrido tres años.

Artículo 40

Por los incapacitados, a tenor del artículo 213 del Código civil, podrá pedir la separación su tutor, con autorización del Consejo de familia. Esta separación no podrá motivar la sentencia de divorcio a que se refiere el artículo 39, sino transcurridos tres años y a petición del cónyuge capaz.

Artículo 41

Será Juez competente para instruir los procedimientos de separación y de divorcio el de primera instancia del lugar del domicilio conyugal. En el caso de residir los cónyuges en distintos partidos judiciales, será Juez competente, a elección del demandante, el del último domicilio del matrimonio o de la residencia del demandado. Los que no tuvieren domicilio ni residencia fija podrán ser demandados en el lugar en que se hallen o en el de su última residencia, a elección del demandante.

Artículo 42

El Juez examinará de oficio su propia competencia. Son nulos los acuerdos de las partes que alteren lo establecido en el artículo anterior.

Artículo 43

Interpuesta y admitida la demanda de separación o de divorcio, mientras se substancie el juicio, la mujer tendrá capacidad jurídica para regir su persona y bienes, con la limitación de no poder enajenarlos ni gravarlos, a no ser mediante autorización judicial y previa la justificación de necesidad y utilidad.

El marido conservará, si la tuviere, la administración de los bienes de la sociedad conyugal; pero para enajenarlos y gravarlos será necesaria la conformidad de la esposa, y, en su defecto, la autorización judicial.

Artículo 44

Una vez admitida la demanda de separación o de divorcio, el Juez adoptará las disposiciones siguientes, que durarán hasta que termine el juicio por sentencia firme:

1.º Separar los cónyuges en todo caso.

2.º Señalar el domicilio de la mujer.

3.º Poner los hijos menores de cinco años al cuidado de la madre, y los mayores de esa edad, al cuidado del padre.

El Juez podrá, sin embargo, proceder de modo distinto, bien al constituirse el depósito, bien con posterioridad en virtud de causa justa o por acuerdo de los cónyuges, ratificado a la presencia judicial.

El cónyuge que no tenga en su poder a los hijos tendrá derecho a visitarlos y comunicar con ellos en el tiempo, modo y forma que el Juez determine.

4.º Señalar alimentos a la mujer, cuando proceda, y a los hijos que no queden en poder del padre, siendo aplicables, en su caso, las sanciones establecidas en el artículo 34.

5.º Dictar las medidas necesarias para evitar que el marido perjudique a la mujer en la administración de sus bienes, si le correspondiere, o en la de los bienes de la sociedad conyugal.

El marido, como administrador de la sociedad de gananciales, vendrá obligado a abonar «litis expensas» a la mujer, salvo cuando ésta posea bienes propios suficientes y disponga de sus productos.

Para la ejecución de las disposiciones a que este artículo se refiere y para substanciar las cuestiones e incidencias que puedan promoverse como consecuencia de las mismas, se formarán las correspondientes piezas separadas a fin de no entorpecer en ningún caso la prosecución del asunto principal.

Artículo 45

Cuando se solicite la defensa por pobre, tanto por el actor como por el demandado, se substanciará este incidente en pieza separada, sin detener ni suspender el curso del pleito principal, cuyas actuaciones se practicarán provisionalmente sin exacción de derechos.

Artículo 46

Las demandas de separación y de divorcio se substanciarán por los trámites procesales que fija la Ley de Enjuiciamiento civil en su libro II, título II, capítulo III, salvo las modificaciones que establezca esta ley. Para interponer la demanda no será necesario intentar previamente la conciliación. El plazo para comparecer y contestar a la demanda y proponer, en su caso, la reconvención, será de veinte días.

Artículo 47

Entre los documentos que deben acompañar a la demanda figurarán los que justifiquen el domicilio conyugal o, en su caso, la residencia.

Artículo 48

El Ministerio fiscal será parte en el juicio principal y en todas sus incidencias sólo cuando existan menores, ausentes o incapaces, sin perjuicio de lo establecido en el artículo 165 del Código civil.

Artículo 49

Las partes deberán comparecer asistidas de Procurador que las represente y de Abogado que las dirija. La demanda se redactará según las normas establecidas en la Ley de Enjuiciamiento civil.

Artículo 50

Si se hubiere formulado reconvención, el actor contestará dentro del plazo improrragable de diez días. No se admitirá reconvención que no estuviere fundada en alguna de las causas establecidas en el artículo 3.

Artículo 51

La confesión y el allanamiento a la demanda no bastarán por sí solos para fundamentar una sentencia condenatoria.

Los parientes y los domésticos de los esposos pueden ser oídos como testigos.

Artículo 52

La resolución en que se reciba el pleito a prueba prevendrá a las partes que propongan toda la que les interese en el término improrrogable de diez días.

El término para la práctica de las pruebas no podrá exceder de veinte días.

Artículo 53

Cuando alguno de los litigantes proponga prueba en los dos últimos días del período, tendrán derecho las demás partes a proponer, a su vez, prueba sobre los mismos extremos, dentro de los dos siguientes a la notificación de la providencia en que aquélla sea admitida.

Artículo 54

Cerrado el período de prueba, procederá el Juez, dentro de los diez días siguientes, a hacer un resumen razonado de las practicadas y un informe sobre la cuestión de derecho.

Artículo 55

Cumplido el trámite del artículo anterior, se remitirán los autos a la Audiencia provincial, con emplazamiento de las partes, por término de diez días.

Recibidos los autos en la Audiencia y transcurrido el término del emplazamiento, hayánse o no personado las partes, se pondrán de manifiesto las actuaciones para instrucción, por término de cinco días improrrogables, a cada una de las personadas, y se pasarán por igual término para instrucción, al Magistrado ponente.

Transcurrido este plazo, se dictará providencia, declarando concluso el pleito, con citación de las partes para sentencia y se señalará día para la vista dentro de los ocho siguientes.

El día anterior al señalado para la celebración de la vista se entregará a cada uno de los Magistrados que hayan de formar la Sala una copia del informe hecho por el Juez, con arreglo a lo dispuesto en el artículo anterior.

Artículo 56

Los Jueces y Tribunales podrán disponer de oficio o a instancia de parte que el despacho y la vista se hagan a puerta cerrada, cuando así lo exijan la moral y el decoro, la naturaleza de la causa de separación o de divorcio.

Artículo 57

Contra la sentencia se podrá interponer recurso de revisión ante el Tribunal Supremo por alguna de las causas siguientes:

1.ª Incompetencia de jurisdicción.

2.ª Violación de las formalidades esenciales del juicio cuando hubiere producido indefensión.

3.ª Injusticia notoria.

El recurso se interpondrá y formalizará mediante escrito presentado ante la Sala que hubiere dictado la sentencia, dentro del término improrrogable de diez días, contados desde el siguiente al de su notificación. Transcurrido este plazo, se remitirán los autos al Tribunal Supremo, emplazándose a las partes para que comparezcan en término de diez días. Este término será de quince días para los pleitos procedentes de las islas Baleares y de veinte para los de las islas Canarias. Recibidos los autos y personado el recurrente, se mandarán traer a la vista, previa instrucción de las partes y del ponente, por término de cinco días a cada uno, señalándose la vista dentro del mes siguiente. Celebrada ésta, se dictará sentencia en plazo de diez días.

Artículo 58

El Juez de primera instancia podrá, en cualquier estado del pleito, adoptar provisionalmente las medidas de urgencia que considere indispensables respecto de las personas y bienes de los cónyuges y de sus hijos, conforme a las disposiciones de esta Ley.

Artículo 59

Cuando el demandante acompañe copia fehaciente de sentencia firme en que aparezca su consorte condenado por hechos de los señalados con los números 1, 2, 7 y 11 del artículo 3 de esta ley como causas de divorcio, el Juez dará traslado al demandado, y si éste no reconviniese ni alegase excepción suficiente a desvirtuar la acción, o no compareciere, citará sin más para sentencia ante la Audiencia, una vez oído el Ministerio fiscal.

Artículo 60

Obtenida una sentencia de separación y transcurrido el tiempo a que se refiere el artículo 39 sin que hubiere mediado reconciliación, los cónyuges podrán solicitar la declaración de divorcio, y el Juez, probados estos extremos, citará sin más a las partes, para sentencia, ante la Audiencia correspondiente.

Artículo 61

Los recursos de apelación que se entablen contra resoluciones de los Jueces de primera instancia en esta materia, serán admisibles en un solo efecto y se tramitarán ante la Audiencia provincial respectiva.

Artículo 62

Las costas del pleito serán a cargo del litigante vencido, salvo los casos en que el Tribunal, por motivos fundados, dispusiere otra cosa en la sentencia.

Artículo 63

En los casos de separación o de divorcio por mutuo disenso, los cónyuges deberán comparecer ante el Juez competente, en la forma prevenida en el artículo 49.

Artículo 64

Se levantará acta de la comparecencia y de las manifestaciones hechas por los interesados.

Dentro de los tres días siguientes citará a nueva comparecencia a cada uno de los esposos, separadamente, e investigará, mediante un interrogatorio escrupuloso, la existencia de una auténtica y sincera voluntad de separación o de divorcio, e invitará a las partes a ratificarse.

Artículo 65

Ratificados los cónyuges, el Juez decretará su separación y adoptará las disposiciones provisionales relativas a las personas y bienes de los mismos y de los hijos, y pensiones alimenticias en su caso, conforme a los convenios de los interesados que aprobare y, en su defecto, a tenor de lo dispuesto en el artículo 44 de esta Ley. De todo ello se levantará acta, que será firmada por el Juez, por los cónyuges y por el actuario.

Artículo 66

Si se hubiere pedido la separación, se decretará desde luego después de la ratificación.

En caso de haberse solicitado el divorcio, el Juez citará a las partes a nueva comparecencia, seis meses después, para que manifiesten si persisten en su propósito de divorciarse.

Artículo 67

Transcurridos los seis meses a que se refiere el artículo anterior, si los interesados se ratifican en su voluntad de divorciarse, se levantará acta circunstanciada de las manifestaciones hechas, que firmarán los cónyuges, y se les citará para nueva y última comparecencia seis meses más tarde. Si los cónyuges comparecen esta tercera y última vez y manifiestan su voluntad definitiva de divorciarse, el Juez decretará el divorcio por mutuo disenso y adoptará las medidas oportunas respecto de los hijos, del cónyuge, en su caso, y de los bienes, de acuerdo con las disposiciones de esta ley.

Artículo 68

La falta de asistencia sin justa causa a alguna de las comparecencias a que se refiere el artículo anterior, se interpretará como desistimento y producirá la nulidad de lo actuado.

Artículo 69

Las sentencias firmes de divorcio se comunicarán de oficio al Registro civil en que conste la celebración del matrimonio y a aquel en que radiquen las inscripciones de nacimiento.

REGLAS TRANSITORIAS

1.ª Mientras no se modifiquen los Aranceles, los derechos que devenguen los Secretarios de los Juzgados, Audiencias y Tribunal Supremo no podrán exceder de 200, 150 y 300 pesetas, respectivamente, estando en dichas cantidades incluidos los derechos de los Oficiales de Sala.

Los derechos que devenguen los Procuradores serán sólo de 175 pesetas en el Juzgado, 125 pesetas en la Audiencia y 200 pesetas en el Tribunal Supremo.

Durante la substanciación del juicio en el Juzgado de primera instancia, se entenderá dividida la tramitación en dos períodos iguales, desde la demanda al recibimiento a prueba y desde este momento hasta la remisión de los autos a la Audiencia.

Si durante la tramitación del asunto en la Audiencia o en el Tribunal Supremo se desistiere del asunto o se reconciliaren los cónyuges, se devengarán por los Secretarios y por los Procuradores los derechos que marquen sus respectivos aranceles, siempre que no excedan de los antes fijados, que no podrán ser superados en ningún caso.

Los incidentes sólo darán derecho a percibir a los Secretarios y Procuradores la mitad de los que, por cada caso, marquen sus respectivos aranceles.

2.ª Podrá ejercitarse la acción de divorcio o de separación aunque el hecho en que se funde conforme a esta ley se hubiere realizado antes de su promulgación.

3.ª Los cónyuges que al promulgarse esta ley estuvieren separados temporalmente por sentencia firme a la que el Código civil reconozca efectos civiles, podrán pedir que la separación se convierta en divorcio, conforme a lo dispuesto en el artículo 39. Podrán pedir asimismo el divorcio por mutuo disenso o alegando justa causa, comprendida en el artículo 3, aunque sea la misma que hubiese motivado la separación.

4.ª Las sentencias dictadas por los Tribunales eclesiásticos en pleitos de divorcio con anterioridad al Decreto del Gobierno de la República sobre esta materia, de 4 de noviembre de 1931 y que hayan obtenido en su día la oportuna validez civil, no necesitarán de nuevos requisitos para su total eficacia, siempre que el fallo hubiere sido de divorcio perpetuo o indefinido.

Las dictadas con posterioridad a dicho Decreto no producirán efectos civiles.

Los pleitos de divorcio fallados por los Tribunales eclesiásticos con posterioridad a la fecha indicada y antes de la vigencia de la presente Ley, para surtir efectos, deberán ser sometidos a revisión del Tribunal civil competente, pudiendo estimarse por éste las causas consignadas en la presente Ley y decretarse el divorcio vincular que la misma establece.

Los Tribunales civiles podrán conceder valor y eficacia a las pruebas practicadas ante el Tribunal eclesiástico cuando a su juicio hayan mediado las debidas garantías para los litigantes.

Las pruebas practicadas en los pleitos pendientes ante los Tribunales eclesiásticos en que éstos no hayan dictado sentencia firme en la fecha de la promulgación de la presente ley, podrán ser tomadas en cuenta por los Tribunales civiles, en los términos que previene el párrafo anterior, cuando dichos litigios sean sometidos a la jurisdicción de estos Tribunales.

5.ª En los juicios pendientes ante los Tribunales civiles al tiempo de la promulgación de esta Ley, cualquiera que sea su estado, se dará traslado al actor para que, en el término de diez días, manifieste si opta por el divorcio vincular que en ellas se regula. Si así fuese, deberá iniciarse nuevamente el procedimiento y substanciarse conforme a las disposiciones de la sección segunda del capítulo V. Si el actor optare por la continuación del pleito se substanciará con sujeción a los trámites ordenados en esta Ley. La sentencia en este caso será de separación y tendrá los efectos que previenen los artículos 38 y 39.

Queda a salvo el derecho de los cónyuges para obtener el divorcio por mutuo disenso.

6.ª Cuando hubiere separación de los bienes de los cónyuges decretada conforme al capítulo VI, título III, libro cuarto del Código civil, por causa de divorcio, si el marido hubiera conservado la administración de los bienes del matrimonio, la mujer podrá exigir que se liquiden y se la entreguen los bienes propios y los que la correspondan de la sociedad conyugal. En cuanto a ellos, se observará lo dispuesto en el artículo 24. Entre los cónyuges regirá en este caso lo que se dispone en la sección cuarta del capítulo III de esta Ley.

7.ª Los plazos de caducidad de la acción del artículo 8 de esta Ley comenzarán a contarse desde la promulgación de la misma.

DISPOSICION FINAL

Quedan derogadas cuantas disposiciones y pactos se opongan a los de la presente ley.

Madrid, a 2 de marzo de 1932.

APENDICE

Ley de 11 de septiembre de 1932

Artículo único. La regla transitoria cuarta de la Ley de Divorcio quedará modificada en los términos siguientes:

«Las sentencias firmes de divorcio perpetuo o indefinido, dictadas por los Tribunales civiles antes de la promulgación de esta ley, producirán los efectos determinados en el capítulo III, en relación con el artículo 1 de la misma.

Iguales efectos surtirán las sentencias firmes de divorcio perpetuo o indefinido, dictadas por los Tribunales eclesiásticos con anterioridad al Decreto del Gobierno de la República sobre esta materia, de fecha 3 de noviembre de 1931, siempre que aquellas sentencias hubiesen obtenido en su día la oportuna validez civil.

Para que, tanto las sentencias civiles como las eclesiásticas expresadas en los párrafos anteriores, produzcan los efectos prevenidos en ellos, será preciso que lo solicite cualquiera de los cónyuges ante el Juez competente para conocer del divorcio; el que, cerciorado de la autenticidad de los documentos, hará las declaraciones oportunas, si el caso se hallase comprendido en las normas precedentes.

Las sentencias dictadas por los Tribunales eclesiásticos con posterioridad al Decreto del Gobierno de la República de 3 de noviembre de 1931 no producirán efectos civiles.

Los pleitos de divorcio fallados por los Tribunales eclesiásticos con posterioridad a la fecha indicada, y antes de la vigencia de esta ley, para surtir efectos, deberán ser sometidos a revisión del Tribunal civil competente para conocer del divorcio, pudiendo estimarse por éste las causas consignadas en la presente ley y decretarse el divorcio vincular que la misma establece.

Los Tribunales civiles podrán conceder valor y eficacia a las pruebas practicadas ante el Tribunal eclesiástico cuando, a su juicio, hayan mediado las debidas garantías para los litigantes.

Las pruebas practicadas en los pleitos pendientes ante los Tribunales eclesiásticos, en que éstos no hayan dictado sentencia firme en la fecha de la promulgación de la presente ley, podrán ser tomadas en cuenta por los Tribunales civiles, en los términos que previene el párrafo anterior, cuando dichos litigios sean sometidos a la jurisdicción de estos Tribunales.»

Por tanto:

Mando a todos los ciudadanos que coadyuven al cumplimiento de esta ley, así como a todos los Tribunales y autoridades que la hagan cumplir.

(*Gaceta* del día 21 de septiembre.)

INDICE

Págs.

Títulos de esta colección:

«El Bisturí de José María García»
por José María García

«Puerta del Sol 2½»
por Margarita Landi

Próximamente:

- «¿Porqué protestan?»
por José Domingo Castaño

- «El "cachondeo" de las estructuras»
por Evaristo Acevedo